本书系国家社科基金重大项目“中国高等体育教育发展进程与改革”
（项目编号：15ZDB147）阶段性成果

美国高等体育教育发展历程研究

沈　晶■著

北京体育大学出版社

策划编辑：王英峰
责任编辑：王英峰
责任校对：孙 静
版式设计：久书鑫

图书在版编目（CIP）数据

美国高等体育教育发展历程研究 / 沈晶著. -- 北京：北京体育大学出版社，2021.6
ISBN 978-7-5644-3120-4

Ⅰ. ①美… Ⅱ. ①沈… Ⅲ. ①高等学校－体育教育－教育史－研究－美国 Ⅳ. ①G817.125

中国版本图书馆 CIP 数据核字（2021）第 107302 号

美国高等体育教育发展历程研究 沈 晶 著
MEIGUO GAODENG TIYU JIAOYU FAZHAN LICHENG YANJIU

出版发行：北京体育大学出版社
地 址：北京市海淀区农大南路 1 号院 2 号楼 2 层办公 B-212
邮 编：100084
网 址：http://cbs.bsu.edu.cn
发 行 部：010-62989320
邮 购 部：北京体育大学出版社读者服务部 010-62989432
印 刷：唐山玺诚印务有限公司
开 本：710mm×1000mm 1/16
成品尺寸：170mm×240mm
印 张：16
字 数：198 千字
版 次：2021 年 6 月第 1 版
印 次：2021 年 6 月第 1 次印刷
定 价：98.00 元

序

高等体育教育作为高等教育整体结构中的重要组成部分，是体育行业性人才培养的主要平台。自中华人民共和国成立以来，我国高等体育教育为我国教育、体育事业发展做出了重要贡献。然而，面对国家社会经济发展的新常态、教育事业转型发展、体育强国建设以及一流体育大学和体育学科建设的现实需求，我国高等体育教育面临着办学目标和人才培养模式的重新定位等众多新问题，其发展模式也转变为改革驱动。因此，如何明确新时期我国高等体育教育的发展战略，如何推进和深化高等体育教育改革，对于我国体育事业、高等教育的整体发展都具有重大的变革性意义。

从历史中汇总经验，从问题中发现方向，可以帮助我们更加深入和更具针对性地思考新时期高等体育教育的发展战略，探究提升高等体育教育办学机构的教学、科研、训练水平的战略方法，从而使我国高等体育教育能够充分发挥自身的行业优势、学科优势，更好地服务于个体和社会的发展。在全球化的背景下，我国高等体育教育不仅要系统梳理和总结自身的历史发展经验，也要广泛地学习和借鉴欧美发达国家在历史进程中发展高等体育教育的有益经验，借他山之石，博采众长。

沈晶博士这部著作从历史的角度对美国高等体育教育的发展进行

研究，深入探析了美国高等体育教育发展的演变进程，横向分析了每个历史分期中美国高等体育教育办学机构、培养目标、入学要求、专业设置、课程设置、师资情况和学生情况等，纵向追踪了其中发生的变化，归纳了其流变特征，发掘了影响美国高等体育教育发展的因素，总结了美国高等体育教育发展的经验和教训，并提出了对我国高等体育教育发展和改革的建议。

正如该著作中所说“任何成功的教育体系和发展模式的形成都不是一蹴而就的，而是在办学实践中日积月累不断调整和适应社会发展的结果”，“美国的高等体育教育发展历程也并非一帆风顺、十全十美，它也面临过荣枯兴衰的发展困境，经历了蜿蜒曲折的演变历程。以史为鉴，通过对美国高等体育教育发展过程的多维度分析，学习它们的发展经验，从而为中国高等体育教育的发展和改革提供可资借鉴的国际和历史参照系。我们既可以从美国高等体育教育的发展历程中获得有益的经验和启示，也可以从其曾经的曲折历程中汲取失败的教训，对其进行深入反思，以防止我国未来在发展中遇到类似问题后重蹈覆辙。”

美国高等体育教育发展的实践和理论研究开展较早，且日趋完善，取得了突出的成绩，其在演变进程中遇到的挫折，出现的困难，获得的有益经验和失败的教训，都可以作为一份珍贵的财富供我国在发展与改革高等体育教育中进行学习、参考、借鉴。我国是高等体育教育的后发国家，尽管起步较晚，但却极具特色，到目前为止，我国已经形成了一套不同于其他国家的高等体育教育发展模式。因此，在探索中国高等体育教育的发展进程和改革策略的研究过程中，我们既不能闭门造车，也不能一味拿来，而应在中国国情的基础上，通过合理、深入地比较，分析我们到底可以在哪些方面和何种程度上学习和借鉴国外的先进经验。我想沈晶的著作应该可以为我们在借鉴国际经验的基础上，构建具有时代气息和中国特色的高等体育教育发展策略和改革路径，提高高等体育教育的办学质量，使之符合建设体育强国的需要，带来些许启示和思考。

池建

2021 年 6 月 8 日

于北京体育大学颐清园

目 录

第一章

概　　论

近年来，建设教育强国、体育强国、健康中国等一系列国家战略计划的提出，使我国高等体育教育的地位和重要性日渐凸显。高等体育教育不仅是我国高等教育中的重要组成部分，也是体育专业人才培养的重要基地，为我国教育事业和体育事业的发展做出了巨大的贡献。经过六十多年的发展，我国高等体育教育在办学条件上大有改善，在办学水平上大幅提升，并建成了学士、硕士和博士三个层次的完整人才培养体系。在办学规模上，体育学本科专业招生人数从 1991 年的 2720 人，上升为 2015 年的 70567 人，2015 年体育学专业本科在校学生人数已有约 28 万人，有 446 所院校的 852 个专业培养体育领域的专业人才[①]。我国高等体育教育人才培养规模的扩张，极大地满足了社会经济发展对体育专业人才的需求。随着社会的发展，我国对高等体育教育的要求逐渐从量的需求向质的需求转变。另外，体育已经发展成为社会系统的重要构成部分，大众体育的兴起和体育的产业化发展，要求体育教育系统提供相应的智力支持和人力资源。新时期体育人才的需求已经不仅仅局限于体育师资的培养了，休闲体育、冰雪运动、运动与公共健康等满足社会和市场新

---

① 黄汉升，陈作松，王家宏，等. 我国体育学类本科专业人才培养研究——《高等学校体育学类本科专业教学质量国家标准》研制与解读［J］. 体育科学，2016，36（8）：3-33.

兴需求的专业领域对人才的需求也日益凸显。

当前，我国高等体育教育既取得了突出的成绩，也面临着不小的问题，如办学定位不准、人才培养目标单一、类型不清、专业课程设置趋同、体系不完善、跟不上社会需求等[①]。同时，在经济社会发展及高等教育发展的全球趋势下，国家社会经济发展新常态、教育事业发展转型及体育强国建设的现实需求对我国高等体育教育提出了更高、更新的要求和期待。2015 年，国务院提出了创建世界一流大学和一流学科的建设目标，为我国高等体育教育办学机构树立了创建世界一流体育大学和一流体育学科的新奋斗目标。

他山之石，可以攻玉。我们可以通过对其他国家一流体育大学和一流体育学科发展经验的学习和借鉴，来获得有利于我国高等体育教育发展的启示。本书选取美国高等体育教育的发展经验作为学习和参考的对象，原因主要有以下两点：首先，美国作为世界体育强国和高等教育强国，其高等体育教育发展水平名列世界前茅。在一百多年的发展历程中，美国高等体育教育的发展取得了令人瞩目的成绩，为美国的经济社会做出了巨大的贡献，为体育行业培养了众多优秀和卓越的体育专业人才，值得我们去挖掘和探索，因此，其可以作为成功的范例供我们学习和借鉴。其次，美国高等体育教育在发展过程中已经形成了比较完善的高等体育教育体系，建立了极具特色的高等体育教育发展模式。美国高等体育教育从最初受国外体操体系的影响，到逐渐发展为具有美国自己特色的体育教育，并且随着时代的变迁而日益强大，不仅在办学质量上有了大幅度提升，而且在办学规模上也实现了历史性的跨越，到现在美国体育学专业办学机构已经有 800 多所，体育学专业已经成为美国大学中学

---

① 杨小永，王健．我国高等体育专业教育同质化及特色化发展［J］．体育学刊，2009，16（10）：54－59．

生人数最多的专业之一。但是，任何成功的教育体系和发展模式的形成都不是一蹴而就的，而是在办学实践中日积月累、不断调整和适应社会发展的结果。同样，美国高等体育教育的发展历程也并非一帆风顺、十全十美，它也面临过枯萎衰竭的发展困境，经历过蜿蜒曲折的演变。通过对美国高等体育教育发展过程的多维度分析，我们可以学习它的发展经验，从而为中国高等体育教育的发展和改革提供可资借鉴的国际和历史参照系。我们既可以从美国高等体育教育的发展历程中获得有益的经验和启示，也可以从其曾经的曲折历程中汲取失败的教训，对其进行深入反思。

此外，“历史不仅是连接过去和现在的桥梁，它还可以指引未来”[①]。高等体育教育向前发展，未来的道路也需要有它过去和现在的发展经验作为理论和实践的支撑。我国高等体育教育不仅要通过梳理和总结自身的发展经验来预测和引领未来，也要在当前全球化的竞争环境下，用国际化视野来观察和学习先进同行的发展经验和教训。“透彻地理解过去的经验是预测未来最有价值的工具之一”[②]，站在前人的肩膀上有助于我们在发展的过程中少走弯路，更有的放矢地与时俱进。本书在力求了解美国高等体育教育过去的同时，也尝试着理解美国高等体育教育的现在，分析和总结美国高等体育教育的发展经验及教训，进而为我国高等体育教育发展和改革提供现实意义和理论指导。

---

① ALLAN N. The Gateway to History［M］. New York：Doubleday and Company，Inc.，1962.

② MASSENGALE J D. The unprepared discipline：Selection of alternative futures［J］. Quest，1988，40（2）：107–114.

第一节 国内外学者对美国高等体育教育的研究

一、中国学者对美国高等体育教育的研究

（一）关于美国高等体育教育发展历程的研究

关于美国高等体育教育发展历程研究的代表性期刊论文有张建华等人的《美国体育专业教育的历史沿革》[①]和《从当代美、日两国体育院系发展看我国体育专业教育改革》[②]，马毅的《美国大学体育系的发展历程和趋势的研究》[③]，李忠梅的《从美国体育院系的发展看我国高等体育院校的改革》[④]，杨波、杨文轩和龚建林的《美国体育学科发展历程及现状》[⑤]，边宇、刘明和吕红芳的《美国大学体育的历史沿革及阶段性特征》[⑥]等。专著或博士学位论文部分章节中涉及美国高等体育教育发展历史演变的主要有李鸿江的《我国高等体育院（校）系改革与发展的战略研究》[⑦]，

---

① 张建华，杨铁黎．美国体育专业教育的历史沿革［J］．体育文史，1997（6）：46–48，16.

② 张建华，周之华．从当代美、日两国体育院系发展看我国体育专业教育改革［J］．体育学刊，1999（3）：57－63.

③ 马毅．美国大学体育系的发展历程和趋势的研究［J］．沈阳体育学院学报，2002（3）：32－35.

④ 李忠梅．从美国体育院系的发展看我国高等体育院校的改革［J］．西安体育学院学报，2004，21（2）：94－97.

⑤ 杨波，杨文轩，龚建林．美国体育学科发展历程及现状［J］．体育学刊，2007，14（7）：116－120.

⑥ 边宇，刘明，吕红芳．美国大学体育的历史沿革及阶段性特征［J］．体育学刊，2013，20（3）：81－84.

⑦ 李鸿江．我国高等体育院（校）系改革与发展的战略研究［D］．福州：福建师范大学，2006.

陈宁的《高等体育院校办学特性和模式的研究》①，曲宗湖和杨文轩的《域外学校体育传真》②，温玉华的《国外体育院校系科情况介绍》③等。以上这些论著均从宏观的层面对美国体育教育的整体演进过程进行了阐述和分析，内容包括美国体育专业教育的办学机构、培养目标、专业设置、课程设置、学科发展及推动因素等。

另外，还有学者从中观和微观的层面对与体育专业教育发展相关的具体学校、专业、课程、协会、标准、名称和政策等的发展历程进行了研究。例如，国家体育总局科教司编写的《国外体育院校概况》④介绍了各国体育院校的发展历程，其中涉及美国的院校有美国春田学院、美国运动学院、美国印第安纳大学健康体育和娱乐学院及美国俄勒冈州立大学健康与人体运动学院。郭广的《美国高校体育传播教育的历史沿革》⑤和彭文革、余惠清的《美国高等体育院系体育休闲娱乐教育概况研究》⑥分别对体育传播专业和体育休闲娱乐专业的发展历程进行了研究。刘会平、程传银的《美国健康与体育教育者学会历史演进及启示》⑦和王志强、胡曦的《从 Physical Education 到 Kinesiology：美国体育学科的变革与重塑》⑧分别对美国健康与体育教育者学会（Society of Health and Physical

---

① 陈宁. 高等体育院校办学特性和模式的研究［D］. 武汉：华中科技大学，2005.

② 曲宗湖，杨文轩. 域外学校体育传真［M］. 北京：人民体育出版社，1999.

③ 北京体育学院图书馆资料室. 国外体育院校系科情况介绍：第一辑［A］. 北京：［出版者不详］，1986.

④ 国家体育总局科教司. 国外体育院校概况［M］. 北京：人民体育出版社，1999.

⑤ 郭广. 美国高校体育传播教育的历史沿革［J］. 成都体育学院学报，2007，33（3）：117－119.

⑥ 彭文革，余惠清. 美国高等体育院系体育休闲娱乐教育概况研究［J］. 北京体育大学学报，2007，30（5）：610－611，628.

⑦ 刘会平，程传银. 美国健康与体育教育者学会历史演进及启示［J］. 体育文化导刊，2017（11）：140－144，154.

⑧ 王志强，胡曦. 从 Physical Education 到 Kinesiology：美国体育学科的变革与重塑［J］. 体育成人教育学刊，2013，29（5）：1－6.

Educators）和美国运动机能学学院（American Academy of Kinesiology）的演进历程进行了分析，这两个组织机构对美国体育教育的发展起着重大的推动作用，在美国体育教育发展历史进程中有着不可忽视的重要意义。陈桂香、冉令华在《美国体育教师教育课程的变迁及启示》[①]中认为美国体育教师教育课程在医学中萌芽，在教育学转向中成长，在科学化浪潮中走向成熟，在成熟后分化，又在标准化要求下进行课程融合，这一变迁说明了美国体育教师教育课程能够主动适应社会变迁，在借鉴中打造独特的价值，且能坚守通识性与实践性。龚正伟等人在《美国体育政策的演进》[②]中涵盖了与美国体育教育发展密切相关的政策，美国体育政策演进的过程也是体育教育不断完善和发展的过程。该研究认为美国体育政策最初为放任式发展，现在已经发展成为以政府为主导，以人民和社会团体或组织为基础的政策决策机制。孟明亮的《美国高校体育学科名称的嬗变及启示》[③]对美国体育学科的名称演变进行了分析。

这些涉及美国高等体育教育各个方面发展历程的学术成果为更深入全面系统地研究美国高等体育教育的发展历程提供了重要的参考资料。

（二）关于美国高等体育教育人才培养的研究

我国学者对美国体育专业人才培养的关注度较高，学术成果较为丰硕，主要集中在对不同办学层次人才培养的研究及专业人才培养的中外对比研究方面。

在关于美国高等体育教育本科层次人才培养的研究中，喻晶在其博

---

① 陈桂香，冉令华．美国体育教师教育课程的变迁及启示［J］．体育文化导刊，2017（8）：189-192， 206．

② 龚正伟，肖焕禹，盖洋．美国体育政策的演进［J］．上海体育学院学报，2014，38（1）：18-24．

③ 孟明亮．美国高校体育学科名称的嬗变及启示［J］．体育研究与教育，2016，31（3）：1-6， 8， 113．

士学位论文《美国体育专业本科人才培养研究》[①]中认为美国体育专业本科人才培养目标从以体育师资培养为主转向了多元化发展，美国体育专业人才培养的最终目的是满足社会需求，根据社会需求确定人才的培养目标。她在文章中总结了美国体育专业人才培养的特点，即适应社会需求，趋向多样化发展；培养目标在发展过程中趋向动态变化；突出通才培养的指导思想；美国体育专业培养目标由通识培养目标和专业培养目标两部分组成，将全面能力放在首位；强调学生批判性思维的培养；注重学术个性发展等。随后，她也对美国体育专业发展和设置、课程设置及课堂教学进行了介绍，主要着眼于对专业设置和课程设置的现状进行分析和讨论，帮助我们了解美国体育专业的发展现状，并在此基础上对我国的体育专业教育的发展提出了一些建议。隋晓航在《美国体育学院本科专业培养计划解析》[②]中以美国体育学院作为个案分析，研究了其培养目标、专业设置、课程设置和培养的特色，帮助我们了解美国具体高校中体育专业教育的办学情况。

在针对美国高等体育教育研究生层次人才培养的研究中，具有代表性的著作有黄汉升发表的《美国体育专业博士、硕士学位研究生培养体制的特点与分析》[③]，研究认为美国体育专业教育在其研究生的培养中比较注重学生独自学习的能力及创新性，同时重视跨学科的发展，在课程方面注重基础理论课程、应用性课程、专业课程等。黄汉升在《美国体育管理学专业博士生的选拔与培养计划》[④]中介绍了美国体育管理学专业

---

① 喻晶. 美国体育专业本科人才培养研究［D］. 北京：北京体育大学，2014.

② 隋晓航. 美国体育学院本科专业培养计划解析［J］. 体育学刊，2009，16（5）：56-61.

③ 黄汉升. 美国体育专业博士、硕士学位研究生培养体制的特点与分析［J］. 上海体育学院学报，1994（1）：85-88.

④ 黄汉升. 美国体育管理学专业博士生的选拔与培养计划［J］. 上海体育学院学报，1995（2）：7-11.

博士生的入学条件、毕业要求及课程设置等情况。卢亮球等在《美国体育博士研究生培养特点及启示》①中认为美国体育专业教育在其博士研究生的培养过程中有较为充足的研究经费，注重选拔有学术潜力的学生，通过严格的课程学习、考试等方式，培养有创新能力的高质量的学生。徐建华、方千华在《美国大学应用型体育硕士人才培养模式及对我国的启示》②中认为美国体育专业硕士人才培养的模式较为成熟，在培养方式上较为灵活，在师资方面较为多元，在课程设置上较为多样，重视学生的课程实践，以学生就业为培养导向。

在中美对比研究中，卢亮球在《中美体育博士培养比较研究》③中对中美体育博士培养的指导思想、培养目标、教育政策、学位授予、招生制度、培养年限、课程设置、论文要求、经费来源及论文指导等方面进行了对比研究。汪琼的《中美体育类硕士研究生培养模式比较研究》④对中国和美国体育类硕士研究生教育的培养目标、培养过程、招生体制、培养评价等方面进行了研究。李鸿江等人在《中、美、日、英、俄、德六国体育学科研究生培养体制与教育模式的比较研究》⑤中认为中国和美国在专业设置上有所不同，美国的专业先以课程的形式出现，最后才形成了专业的形式，即当美国出现一种新型的职业时，会根据社会需求开设相应的课程，当师资和设备达到一定的规模时才发展为专业，形成专业教育。黄汉升、葛春林的《中国和美国体育专业博士、硕士学位研究

---

① 卢亮球，邓志红．美国体育博士研究生培养特点及启示［J］．西安体育学院学报，2006（4）：96-99．

② 徐建华，方千华．美国大学应用型体育硕士人才培养模式及对我国的启示［J］．南京体育学院学报（社会科学版），2015，29（6）：86-92．

③ 卢亮球．中美体育博士培养比较研究［D］．北京：北京体育大学，2005．

④ 汪琼．中美体育类硕士研究生培养模式比较研究［D］．武汉：武汉体育学院，2007．

⑤ 李鸿江，尹军，郝晓岑，等．中、美、日、英、俄、德六国体育学科研究生培养体制与教育模式的比较研究［J］．北京体育大学学报，2010，33（5）：69-72．

生培养现状与特点的比较研究》[①]认为教育制度化、课程设置多样化、培养方法灵活化是美国现行的研究生教育的重要特点。其具体表现在设置了大量跨学科的专业、跨学科的课程，重视交叉学科和新兴学科的学习，强调理论与实际相结合，通过举办讲座，参加研讨会和各种教学、科研活动来培养体育人才的能力。窦红在《中、美体育专业人才培养的比较研究》[②]中认为美国体育专业教育的培养目标从专才向通才转变，除了培养体育教师外，还需要培养社会体育指导人员以及适应性体育教育者等。在课程方面，通识教育课程被重视，专业教育课程内容广泛，课程设置呈现出综合化和多样化等特点，而这种变化趋势与社会发展、市场变化、人才需求等因素的变化趋势相一致。吕青等人的《中美日英俄德体育研究生培养比较研究》[③]、宋冬昱的《中美体育学硕士课程设置及培养方式比较研究——以中美部分学校为例》[④]、赵澄宇的《美国与中国体育师资培养情况的比较分析》[⑤]、王永盛等人的《中美体育师资培养的比较研究》[⑥]、邱芸娟的《对中美体育人才培养模式的比较与思考》[⑦]等均做了大量的中外对比研究，通过对比，得出了对中国体育教育发展有益的启示。

---

① 黄汉升，葛春林．中国和美国体育专业博士、硕士学位研究生培养现状与特点的比较研究［J］．体育科学，1994，14（2）：20–26．

② 窦红．中、美体育专业人才培养的比较研究［J］．广州体育学院学报，2007（6）：115–118， 125．

③ 吕青，尹军，丛林，等．中美日英俄德体育研究生培养比较研究［J］．体育文化导刊，2010（5）：96–99， 107．

④ 宋冬昱．中美体育学硕士课程设置及培养方式比较研究：以中美部分学校为例［D］．南京：南京师范大学，2013．

⑤ 赵澄宇．美国与中国体育师资培养情况的比较分析［J］．北京体育学院学报，1990，48（2）：58–62， 69．

⑥ 王永盛，姜明．中美体育师资培养的比较研究［J］．体育科学，1998，18（1）：20–23．

⑦ 邱芸娟．对中美体育人才培养模式的比较与思考［J］．中国校外教育（理论），2008（增刊 1）：1486–1487．

除此之外，学者还针对具体专业的人才培养等进行了研究，也是以中外对比研究为主。关于体育教育专业的研究主要有石云龙的《中美中小学体育师资培养的比较研究》①，唐红明的《中美体育教师职前培养模式的比较研究》②，李荣、方千华的《美国春田学院体育教育硕士的培养特征与启示》③；关于体育管理专业的人才培养研究主要有李成军的《中美体育管理本科教育培养体制的对比分析》④，尚宏明、刘慧青的《美国体育管理学培养方案的解读及启示》⑤，刘杨的《美国高校体育经济与管理相关专业的人才培养模式分析》⑥，黄健、张莉清的《美国印第安纳大学运动体育管理专业硕士生培养方案特征研究及启示》⑦，周良君等人的《美国、德国与我国部分高校体育经济专业本科人才培养方案的比较》⑧等等；关于特殊体育教育专业的人才培养研究有赵海的《美国特殊体育师资培养模式及其启示》⑨，邹委龙的《中美特殊体育教师培养模

---

① 石云龙．中美中小学体育师资培养的比较研究［J］．教师教育研究，2015，27（5）：101–106．

② 唐红明．中美体育教师职前培养模式的比较研究［J］．吉林体育学院学报，2008（5）：100–101，114．

③ 李荣，方千华．美国春田学院体育教育硕士的培养特征与启示［J］．体育科学研究，2019，23（5）：67–77．

④ 李成军．中美体育管理本科教育培养体制的对比分析［J］．体育与科学，2011，32（3）：112–115．

⑤ 尚宏明，刘慧青．美国体育管理学培养方案的解读及启示［J］．首都体育学院学报，2013，25（2）：134–137．

⑥ 刘杨．美国高校体育经济与管理相关专业的人才培养模式分析［D］．北京：北京体育大学，2015．

⑦ 黄健，张莉清．美国印第安纳大学运动体育管理专业硕士生培养方案特征研究及启示［J］．北京体育大学学报，2018，41（10）：102–109．

⑧ 周良君，陈小英，梁少霞．美国、德国与我国部分高校体育经济专业本科人才培养方案的比较［J］．广州体育学院学报，2008，28（6）：110–114．

⑨ 赵海．美国特殊体育师资培养模式及其启示［J］．中国特殊教育，2010，124（10）：17–20．

式比较研究》[①]，陈丹的《中美特殊体育师资人才培养模式的研究》[②]，李春晓等人的《中美特殊体育师资培养的研究现状与比较》[③]等等；其他还有对教练员、休闲体育和健康专业的人才培养进行的研究，如吴阳等人的《美国体育教练员培养体系及其对我国的启示》[④]，缪丽丹的《中美部分高校休闲体育专业人才培养模式比较研究》[⑤]，谢佩娜的《美国印第安纳大学健康、体育和娱乐学院的健康教育专业学位培养计划及特点》[⑥]。

（三）关于美国高校体育专业设置的研究

刘代荣在《对中美两国高等体育院系的专业设置及人才培养的比较研究》[⑦]中认为美国体育院系专业设置多样化，数量呈现增长的状态，且开设的专业力求满足社会的需求，如跨学科合作的专业及与老年人健康相关的专业。富学新等人在《美、英、俄、德高校学科专业设置对我国体育学科体系建设的启示》[⑧]中认为美国体育学科在管理上具有松散性的特点，在专业设置上具有开放性的特点，高校具有更多的自主权和自由

---

① 邹委龙．中美特殊体育教师培养模式比较研究［D］．南昌：江西师范大学，2019．

② 陈丹．中美特殊体育师资人才培养模式的研究［D］．武汉：武汉体育学院，2007．

③ 李春晓，吴燕丹，吴丽芳．中美特殊体育师资培养的研究现状与比较［J］．武汉体育学院学报，2010，44（5）：96－100．

④ 吴阳，王德新，彭国强．美国体育教练员培养体系及其对我国的启示［J］．沈阳体育学院学报，2016，35（5）：93－98．

⑤ 缪丽丹．中美部分高校休闲体育专业人才培养模式比较研究［D］．杭州：杭州师范大学，2015．

⑥ 谢佩娜．美国印第安纳大学健康、体育和娱乐学院的健康教育专业学位培养计划及特点［J］．体育学刊，2002，9（3）：95－98．

⑦ 刘代荣．对中美两国高等体育院系的专业设置及人才培养的比较研究［J］．中国高教研究，2003（8）：78－79．

⑧ 富学新，杨文轩，邓星华，等．美、英、俄、德高校学科专业设置对我国体育学科体系建设的启示［J］．体育学刊，2007，14（6）：7－11．

空间，在学科增删程序上具有规范性的特点，但体育学专业设置受市场需求的影响，导致其在长远的战略性规划上计划不足。贾明学在《美国CIP体育学科专业设置分析与启示》[①]中研究发现，美国CIP体育学科专业设置理念以职业为导向，在数量上呈现出增长的趋势，在方向上侧重于运动康复类专业。王雷、李平平在《世界主要国家学科目录中体育学设置情况考察与辨析》[②]中对美国学科专业目录 CIP 进行分析后认为美国体育学专业设置的结构比较松散。杨安禄等人的《美国体育学学科设置及启示》[③]表明美国体育学学科设置的特点为开放性、多元性、细致性。董德龙等人在《归属、规模、规制：对中国体育学科发展的认识——一种学科方向探究》[④]中也认为美国体育学不是独立的学科门类，虽然以CIP 为指导，但是呈现出松散的特点。杨桦在《关于加强体育学学科建设的思考》[⑤]中对 CIP 进行了简单的介绍。王雷等人在《论体育学在高等教育领域的学科认同与我国体育学发展的 3 种可能——基于对 6 个国家 50 所高校的考察》[⑥]中认为虽然美国体育学的专业设置结构松散，还没有形成统一的制度，但是“Kinesiology”（运动机能学）被纳入美国国家科学研究委员会（National Research Council，NRC）的学科分类体系

---

① 贾明学. 美国 CIP 体育学科专业设置分析与启示［J］. 沈阳体育学院学报，2019，38（4）：18-23+56.

② 王雷，李平平. 世界主要国家学科目录中体育学设置情况考察与辨析［J］. 体育学研究，2018，1（2）：23-31.

③ 杨安禄，姚蕾，王永顺. 美国体育学学科设置及启示［J］. 体育成人教育学刊，2019，35（3）：70-73.

④ 董德龙，刘文明，SEAMUS K. 归属、规模、规制：对中国体育学科发展的认识：一种学科方向探究［J］. 体育科学，2015，35（3）：83-89.

⑤ 杨桦. 关于加强体育学学科建设的思考［J］. 成都体育学院学报，2011，37（1）：1-5.

⑥ 王雷. 论体育学在高等教育领域的学科认同与我国体育学发展的 3 种可能：基于对 6 个国家 50 所高校的考察［J］. 体育科学，2018，38（6）：27-37.

中，说明其学科地位逐渐获得了认可，类别也将更加明确。

（四）关于美国高等体育教育中课程设置的研究

关于美国高等体育教育中的课程设置问题应该是我国学者最为关注的内容，也是成果最为丰硕的研究主题。

李铁等人在《美国大学运动科学专业课程体系研究》[①]中认为美国高校以人为本，课程数量较多，通识教育课程较受重视，专业必修课根据社会需求设定，依据专业的方向不同而不同。黄晓灵和黄菁在《美国高校专业体育课程改革的特点及取向》[②]中认为美国大学体育专业的课程目标和课程设置都注重实用性，课程多样化，人文课程、基础类学科、选修课及研究类课程备受重视。王雷等人在《美国体育学科联合会（AKA）“核心课程”的解读与思考》[③]中认为美国体育学“核心课程”以“体育活动”为核心，重视“健康”的地位和作用，并建议我国体育学专业在人才培养过程中也要强调体育相关专业人才的共性特征，以能力为导向进行课程改革，总结体育学科的核心知识，将理念统一和实践差异结合起来。

在对具体专业的课程设置研究方面，鲁长芬和王健在《从美国体育院系课程改革看我国运动训练专业课程体系的改革》[④]中表明美国体育专业课程目标多元化，课程数量较多且公共基础课、人文科学和体育理论课备受重视。

---

① 李铁，丁树哲，马业康. 美国大学运动科学专业课程体系研究［J］. 体育学刊，2010，17（3）：57-61.

② 黄晓灵，黄菁. 美国高校专业体育课程改革的特点及取向［J］. 比较教育研究，2008，30（12）：33-36.

③ 王雷，贾明学，方千华. 美国体育学科联合会（AKA）“核心课程”的解读与思考［J］. 山东体育学院学报，2017，33（4）：103-109.

④ 鲁长芬，王健. 从美国体育院系课程改革看我国运动训练专业课程体系的改革［J］. 西安体育学院学报，2003，20（1）：96-100.

项世新等人在《中美本科体育师范教育的比较研究》[①]中认为美国本科体育师范教育的课程注重职业师范教育，公共必修课程的范围较广。池深等人在《中美体育教育专业现行课程设置的比较研究——以美国春田学院与上海体育学院为例》[②]中将春田学院和上海体育学院的课程设置进行了对比，总结出两所学校在课程设置上的差异性特征。赵琦等人的《特点、理念及启示——美国俄亥俄州立大学体育教育专业课程设置研究》[③]认为美国俄亥俄州立大学体育教育专业以培养体育教师为主要目标，课程设置具有实践性、业务性、协同性和递进性等特点。叶静雯等人在《美国亚利桑那州立大学体育教育专业改革、发展与启示》[④]中认为亚利桑那州立大学体育教育专业在通识课程方面具有较强的人文性和实用性特点，在体育教育类课程方面具有全纳性和实践性等特点。何耀慧等人在《美国体育教育专业的改革与发展研究：以印第安纳大学为例》[⑤]中表明印第安纳大学体育教育专业课程体系设置具有科学性、新型性和实践性等特点。王玉珍的《中美体育教育专业课程设置的比较研究》[⑥]表明中国和美国在课程设置方面具有一定的差异性，例如，我国以培养专才为目标，美国以培养通才为目标；我国强调课程的统一性，美国各州有自己的特色等。张士坤、顾美玲在《美国宾州州立大学体育教育专业

① 项世新，高原，巴特利，等. 中美本科体育师范教育的比较研究［J］. 体育科学，1997，17（2）：11－18.

② 池深，严若艺，余万予，等. 中美体育教育专业现行课程设置的比较研究：以美国春田学院与上海体育学院为例［J］. 江西教育科研，2007（11）：101－103.

③ 赵琦，李明达，李焕玉，等. 特点、理念及启示：美国俄亥俄州立大学体育教育专业课程设置研究［J］. 北京体育大学学报，2016，39（12）：105－111.

④ 叶静雯，汪晓赞，尹志华. 美国亚利桑那州立大学体育教育专业改革、发展与启示［J］. 体育文化导刊，2016（9）：148－154.

⑤ 何耀慧，汪晓赞，尹志华，等. 美国体育教育专业的改革与发展研究：以印第安纳大学为例［J］. 北京体育大学学报，2015，38（10）：90－97.

⑥ 王玉珍. 中美体育教育专业课程设置的比较研究［D］. 济南：山东师范大学，2007.

课程设置研究》[①]中的研究表明宾夕法尼亚州立大学体育教育专业注重自然学科和教学的实践性。尹志华等人在《美国俄亥俄州立大学体育教育专业的特色及启示》[②]中认为美国俄亥俄州立大学体育教育专业以培养全球的体育教育者为目标，在课程设置上注重通识课程、体育教育类课程，重视课程的实践性。俞佳俊等人在《美国南卡罗来纳大学体育教育专业建设的启示》[③]中认为南卡罗来纳大学体育教育专业重视通识教育课程，在课程设置上具有实践性和应用性，并建议我国进行全面和合理的课程设置，培养学生的实践能力，追求培养高质量的专业人才。

在对课程标准认证的研究方面，曹平等人的《美国休闲课程认证标准对我国休闲体育专业课程建设的启示》[④]对美国休闲课程认证标准内容进行了分析，认为其课程认证标准的特征主要有在规划上具有科学性，在目标上具有多向性，在基础课程上具有广博性，在设置上具有针对性和自主性，在内容上具有层次性，在评定上具有制度性。

（五）关于美国高等体育教育的发展与改革研究

关于美国高等体育教育的发展与改革的研究，何耀慧等人在《美国体育教育专业的改革与发展研究——以印第安纳大学为例》[⑤]中认为，印第安纳大学在师资方面，体育教育专业的专任教师数量较少而且招聘管

---

① 张士坤，顾美玲．美国宾州州立大学体育教育专业课程设置研究［J］．体育科学研究，2018，22（6）：66－71．

② 尹志华，汪晓赞，PHILLIP W，等．美国俄亥俄州立大学体育教育专业的特色及启示［J］．体育学刊，2016，23（3）：100－107．

③ 俞佳俊，尹志华，汪晓赞．美国南卡罗来纳大学体育教育专业建设的启示［J］．体育学刊，2016，23（2）：102－106．

④ 曹平，谭希颖，王桂红．美国休闲课程认证标准对我国休闲体育专业课程建设的启示［J］．沈阳体育学院学报，2011，30（2）：113－117．

⑤ 何耀慧，汪晓赞，尹志华，等．美国体育教育专业的改革与发展研究：以印第安纳大学为例［J］．北京体育大学学报，2015，38（10）：90－97．

理严格，大部分师资采用“外包”的形式；在入学方面，学生入学的选拔要求较为严格，对学生的学习过程具有高标准的要求，同时要求学生进行资格认证等。在总结了美国经验的基础上，作者对中国体育教育专业的发展提出了以下建议：在满足社会发展需要的基础上，打造体育教育专业的特色；对课程设置加以完善，以通识人才为培养目标；提高学生在教学实践方面的能力；增加教师来源的渠道，重视教学过程的管理，提高学生的入学要求和培养标准。在美国高等体育教育发展的影响因素方面，陈宁等人在《美国高等体育专业教育改革的原因及特征》[①]一文中探讨了美国高等体育教育改革的原因，认为高等教育的发展、人口结构的变化、健康文化与体育产业的发展以及独特的文化背景与竞技体育的发展都是影响美国高等体育教育改革的重要因素。在美国高等体育教育发展对我国的启示方面，李忠梅在《从美国体育院系的发展看我国高等体育院校的改革》[②]一文中对美国高等体育院系的改革现状，如美国体育院系级专业名称的更改、体育院系及其学科的重组以及课程设置的改革，进行了分析，作者认为这些对我国高等体育院校改革的启示主要有以下几点：第一，我国高等体育院校的改革与发展必须融入高等教育改革的主流中去；第二，我国高等体育院校的改革与发展应符合社会发展的需要；第三，我国高等体育院校的改革与发展应与我国体育事业的发展密切相关；第四，我国高等体育教育一定要打造出优势，办出自己的特色。黄卓等人在《英美两国城市化进程中的体育教育改革及启示》[③]一文中，

---

① 陈宁，李忠梅．美国高等体育专业教育改革的原因及特征［J］．体育科学，2005（4）：25-27．

② 李忠梅．从美国体育院系的发展看我国高等体育院校的改革［J］．西安体育学院学报，2004，21（2）：94-97．

③ 黄卓，孟超杰，陈圣逸，等．英美两国城市化进程中的体育教育改革及启示［J］．沈阳体育学院学报，2017，36（2）：85-90，127．

通过对城市化发展的分析，探讨了在城市化拐点出现时美国高等体育教育的发展，文章表明体育应用型人才从美国城市化进程中的拐点时期开始萌芽，该时期促进了美国体育职业教育的发展和进步。作者在对英国和美国城市化拐点时期高等体育教育发展的经验进行分析的基础上，建议我国应该利用城市化发展的契机，在大力发展体育产业、促进体育消费的国家政策支持下，将体育职业教育人才培养与体育产业发展相结合；关注特殊群体，如残疾人运动员对体育教育的需求；提高体育康复指导者的就业率；加强退役运动员的教育及安置工作；发展足球产业，培养足球专项职业人才。杨桦等人[①]在对印第安纳大学进行实地考察的基础上，分析了印第安纳大学体育学院教学管理的现状和启示，其中介绍了印第安纳大学体育学院的发展沿革、系科、专业、学位设置和教学资源等，为我国的体育院校带来了培养社会需要的多种体育人才、办出特色和优势、重视运动训练和竞赛、提高运动成绩、加强教学管理及优化资源配置等启示。

国内学者们对美国体育教育发展历程的研究具有一定的创见性和价值，为后续研究美国体育教育的发展历程提供了重要的参考资料和指导作用。

（六）述评

国内学者对美国高等体育教育的研究成果数量很多，在内容上涉及高等体育教育发展的方方面面，这为本书提供了较高的学术参考价值。

但是在对美国高等体育教育发展历程的研究方面还存在一定的局限性。第一，在专门针对发展历程研究的文献中，大部分研究以期刊论文的整篇篇幅或部分篇幅呈现，或在博士学位论文及专著的个别章节中涉

① 杨桦，陈宁，刘建和，等．印第安纳大学体育学院教学管理的现状及启示［J］．成都体育学院学报，2000，26（3）：13－15．

及美国高等体育教育，或在对中国高等体育教育研究的基础上对美国高等体育教育进行简要的介绍，以便和中国高等体育教育进行对比研究。全面性、系统性且较为深入地对美国高等体育教育发展历程进行研究的长篇著作还很缺乏。

第二，针对人才培养、课程或专业设置的研究，基本都是 20 世纪 90 年代之后的研究成果，且大部分是 2000 年后的研究成果，研究侧重美国高等体育教育在这个时期的状况，这虽然可以帮助我们了解其在新时期的发展情况，但是对早期美国高等体育教育的研究较少，导致很难从过去的演变发展中理解现状，更难以预测其未来的发展趋势。

第三，已有的美国高等体育教育研究的文献，一方面，引用的英文文献不足，还有一些重要的文献没有被引用；另一方面，在已有的英文引用文献中，被重复引用的文献较多。

因此，笔者利用在美国进行联合博士培养学习的机会，查找并收集了大量宝贵的英文资料，通过阅读筛选后，选取了对本研究具有学术价值的文献并对其进行分析和梳理。美国高等体育教育学科和名称的多样性，相关概念理解的复杂性，以及中国和美国高等体育教育发展模式的差异性，对美国高等体育教育发展的历史研究产生了一定的挑战，也使得中美高等体育教育发展的比较及学习和借鉴还浮于表面，不够深入。因此，通过丰富的资料，从历史的角度对美国高等体育教育发展的演变历程进行全面系统的梳理和分析显得尤为必要。

二、美国学者对美国高等体育教育发展历程的研究

美国学者关于美国高等体育教育发展历程的研究文献主要包括体育教育的历史、人才培养的历史、课程发展史、办学机构发展历程和学科发展历史的研究等。

（一）关于美国体育教育历史的研究

关于美国体育教育历史的研究主要有两类：第一类是对世界各国体育教育的发展历史进行考察，其中也涵盖了对美国体育教育历史的研究。这类研究从国际化的视角研究体育教育的发展历程，从欧洲到亚洲，再到美国，从古代到近现代体育教育的发展，了解体育教育与社会、政治、经济、文化之间的关系。第二类是专门针对美国体育教育历史的研究，这类研究更具有针对性，研究美国体育教育相关方面的内容也更为具体和详细。

在第一类研究中，最早对体育教育历史进行研究的是美国著名的体育历史学家 Leonard F. E.，他在其著作《体育教育史指南》（*A guide to the history of physical education*）[①]中按体育教育发展的国家和主题进行阐述，其中与美国体育教育相关的主题包括体操首次被传入美国、刘易斯的"新体操"、美国学院和大学里的体育教育、德裔美国人体操协会和北美体操协会、基督教青年协会的身体训练、美国的瑞典学校体操、美国操场运动、全州范围的体育教育及教师培训等，其中美国教师培训作为一个单独的章节，重点介绍了与美国体育教师培训相关的重要体育教育先驱者，如刘易斯、萨金特、安德森和尼尔森博士等，以及早期体育教师培训学校，如北美体操协会、哈佛暑期体育学校、安德森体操师范学校、肖托夸暑期学校、基督教青年协会学院和波士顿体操师范学校等。虽然该著作对各个体育教师培训学校的介绍详略不一，也并未完整地记录早期的体育师范学校，但它作为体育教育史方面的早期开创性著作还是为后续研究美国体育教育的学者提供了可资借鉴的史料，具有至关重要的参考价值。

随后，1926 年 Rice E. A. 在《体育教育简史》（*A brief history of physical*

---

① LEONARD F E. A guide to the history of physical education [M]. Philadelphia: Lea & Febiger, 1923.

education）[①]一书中既分时期也分主题地介绍了美国体育教育的发展情况，并根据每个阶段发展特点的不同，对与体育教育发展相关的院校、组织、协会、运动、研究、师资、人才培养等进行了全方位的概述；另外，在教师培养中介绍了早期的师范学校、办学机构中的训练和课程研究等内容。

到了20世纪50年代，对体育教育史进行研究的文献逐渐增多，其中不乏一些有影响力的著作。例如，Van Dalen D. B. 等在《世界体育史：文化、哲学、比较》（*A world history of physical education：cultural，philosophical，comparative*）[②]一书中以民族主义和国际主义为分界点将美国体育教育的发展划分为四个阶段：1787—1865年为第一阶段，1865—1900年为第二阶段，1900—1930年为第三阶段，1930—1953年为第四阶段。在各历史阶段阐述了教育的目标、体育教育的目标、体育教育的促进、教师培训、州立法、专业组织、竞技运动和体育教育项目或课程等，将体育教育的发展贯穿其中。另外一篇在这一时期较为有影响力的著作是Dixon J．G．等人的《体育教育史的里程碑》（*Landmarks in the history of physical education*）[③]，书中有一章节介绍了美国体育教育的发展变迁及影响其发展的社会环境因素。此外，Hackensmith C. W. 在其著作《体育史》（*History of physical education*）[④]中将美国体育教育的

---

① RICE E A．A brief history of physical education［M］．New York：A．S．Barnes and Company，1926.

② VAN DALEN D B，MITCHELL E D，BENNETT B L．A world history of physical education：cultural，philosophical，comparative［M］. Englewood Cliffs，New Jersey：Prentice-Hall，1953.

③ DIXON J G，McIntosh P C，MUNROW A D，et al．Landmarks in the history of physical education［M］．London：Routledge and Kegan Paul Ltd，1957.

④ HACKENSMITH C W．History of physical education［M］．New York：Harper & Row，1966.

发展历程分为七个阶段，分别为1776—1860年、1861—1900年、1901—1917年、1918—1929年、1930—1940年、1941—1949年、1950—1966年，作者在各阶段专门对体育专业人才培养的情况进行了介绍。

在第二类专门针对美国体育教育发展历史的研究中，具有代表性的著作有 Schwendener N. 的《美国体育教育史》（*A history of physical education in the United States*）[①]，该研究将美国体育教育的发展历程分为四个阶段，分别为殖民地时期（1609—1781年）、地方时期（1782—1885年）、欧洲影响的高潮和低谷时期（1886—1918年）及美国体育教育时期（1919—1942年）。作者在每个阶段分别讨论了与体育教育发展相关的不同的人物和事件；其中也涉及了对体育教育师资培养的概述，以及影响体育教育发展的社会、宗教、经济和政治等因素。

《美国体育教育史和运动史》（*A history of physical education and sports in the USA*）[②]在《体育教育简史》的基础上进行了延伸，加入了20世纪后期体育教育的相关内容，增添了很多高等体育教育发展过程中出现的新因素，如学校发展的状况、国家行业组织、体育教育的会议及国际行业组织等。

Swanson R．A．等人在《美国运动和体育教育史》（*History of sport and physical education in the United States*）[③]中概述了运动和体育教育的发展历程，将整个运动和体育教育的发展历程分为七个阶段：第一个阶段为1492—1776年，主要讲述影响美国运动和体育教育的重要人物；第

---

① SCHWENDENER N. A history of physical education in the United States［M］. New York：A．S．Barnes and Company，1942.

② LEE M．A history of physical education and sports in the USA［M］．New York：Wiley，1983.

③ SWANSON R A，SPEARS B M．History of sport and physical education in the United States［M］．Madison：Brown & Benchmark，1995.

二个阶段为1777—1840年，主要讲述发展中国家的消遣方式、运动及体育教育的开端；第三个阶段为1841—1885年，主要讲述从游戏到运动，从训练到体育教育的变迁；第四个阶段为1886—1917年，主要讲述运动和体育教育的组织；第五个阶段为1918—1945年，主要讲述在社会变化时期运动和体育教育的增长；第六个阶段为1946—1970年，主要讲述美国战后的运动和体育教育；第七个阶段为1971—1993年，主要讲述运动和体育教育。该著作追溯了美国运动和体育教育的发展历程，探讨了美国如何使运动普遍流行并深入人心，以及美国体育教育从无到有、从教育的边缘到成为教育的重要组成部分的影响因素，这除了加深了我们对美国体育教育的进一步理解外，还帮助我们了解了体育教育发展的各个阶段背后整个大的体育教育环境及其可能发生的与体育教育之间的互动关系。

还有一些关于美国体育教育的著作只在部分章节与发展历史相关。例如，Siedentop D．的《体育教育、健身和运动概论》（*Introduction to physical education，fitness，and sport*）①一书阐述了关于运动、健身和体育教育的历史、思想、事件和专业，以及它们面临的问题，现状和未来的发展趋势等。Cobb L．S．的《体育教育在高等教育中的作用研究》（*A study of the functions of physical education in higher education*）②追踪了体育教育在高等教育中所起作用的发展历程。

（二）关于美国高等体育教育人才培养历史的研究

在人才培养的研究中，有对整个美国高等体育教育领域人才培养的研究，也有针对州立大学、教师学院、男子学院、女子学院、公立学校

---

① SIEDENTOP D，VAN DER MARS H. Introduction to physical education，fitness，and sport［M］. New York：McGraw-Hill Pulishing，2004.

② COBB L S. A study of the functions of physical education in higher education［M］. New York：Columbia University，1943.

或黑人学院等不同类型学校的人才培养的研究。

在对整体美国高等体育教育领域人才培养的历史研究中，具有代表性的研究有 1950 年耶鲁大学 Zeigler E．F．的博士学位论文《美国体育教育职业准备的历史》（*A history of professional preparation for physical education in the United States*）[①]，该研究对体育专业人才培养的发展历程进行了系统的梳理和分析，将高等体育教育的历史发展历程分为 1860—1890 年、1891—1920 年、1921—1948 年这三个阶段，对历史阶段中高等体育教育的学生入学要求、师资、课程、标准、专业人才培养会议和资格认证等进行了介绍，而且他还将本科和研究生层次的人才培养分开进行了阐述，为我们了解体育专业不同层次的人才培养提供了非常清晰的理解思路。这篇博士学位论文在人才培养研究方面具有开创性的指导作用和意义，帮助我们了解了美国高等体育教育专业办学机构的人才培养从起源到 1948 年的历史、现状和发展趋势。随后在 1971 年，伊利诺伊大学的一篇博士学位论文[②]在 Zeigler E. F. 的博士学位论文的基础上研究了美国高等体育教育在 1948—1969 年人才培养的发展历程，该论文以这期间的三次重要人才培养会议为主要数据来源。这两篇文章都是以时间发展脉络为横向坐标，以各时期的主题为纵向坐标进行的研究。

Rocker 对 1860—1962 年体育教育本科人才培养的主要主题进行了研究[③]，与上述两项研究以时间为横坐标，以主题为纵坐标的研究方式不

① ZEIGLER E F．A history of professional preparation for physical education in the United States［D］．New Haven：Yale University，1950．

② PALMIOTTO A J．An assessment of selected undergraduate professional preparation programs in physical education in the United States［D］．Champaign：University of Illinois at Urbana-Champaign，1971．

③ ROCKER J L．Major themes of undergraduate professional preparation in physical education from 1860 to 1962［D］．Los Angeles：University of Southern California，1971．

同，该研究将体育教育专业人才培养中的要素划分为专业人才培养的办学机构、专业人才培养的结构、专业人才培养的目的、专业人才培养的课程、专业人才培养的研究等主题，然后在每个主题下按发展时期进行研究，每个主题分为 1860—1899 年和 1900—1962 年两个时期。

在针对不同类型学校体育教育人才培养的研究中，早在 1927 年哥伦比亚大学的 Elliott 博士就研究了州立大学体育教育人才培养的发展历史，其中包括体育教育培训教师的先驱学校、私立体育师范学校之后的高等教育机构、州立大学体育教育专业培训的发展等内容①。1966 年艾奥瓦大学的 Foss 博士研究了威斯康星州、伊利诺伊州和艾奥瓦州教师学院女子体育教育专业人才培养的历史②。另外，还有学者对新英格兰部分高校体育专业本科人才培养进行了研究③。1962 年有学者研究了 1924—1958 年黑人大学体育教育专业人才培养的历程④。1981 年 Hamilton 对在美国健康、体育、娱乐和舞蹈联盟服务的地理区域的公立学校小学教师和体育教育专家在体育教育领域的专业人才培养情况进行了调查⑤。

---

① ELLIOTT R. The organization of professional training in physical education in state universities［D］. New York：Columbia university，1927.

② FOSS J L. A history of professional preparation in physical education for women in the teachers colleges of Wisconsin，Illinois，and Iowa［D］. Iowa：University of Iowa，1966.

③ WISEMAN D C. A critical evaluation of undergraduate professional preparation in physical education for men and women in selected colleges and universities of New England［D］. Bloomington：Indiana University，1970.

④ PIERRO A A. A history of professional preparation for physical education in some selected negro colleges and universities［D］. Ann Arbor：University of Michigan，1962.

⑤ HAMILTON，L K P. A survey of professional preparation in the area of physical education for public school elementary teachers and physical education specialists in geographic areas served by the American alliance for health，physical education，recreation，and dance［D］. Nashville：Peabody College for Teachers of Vanderbilt University，1981.

有的著作也在部分章节涉及了人才培养方面的研究工作，如有学者[①]详细地描述了健康教育、体育教育和休闲娱乐的哲学、原则和实践，讨论了这三个领域的基础和历史发展，并提出了在健康教育、体育教育和休闲娱乐领域实施专业人才培养实践计划的建议。Nixon 等人的著作《体育教育概论》（*An introduction to physical education*）[②]第九版中有部分章节对体育课程和体育专业人才培养进行了研究，他们分别将人才培养分为大学前、本科、研究生和继续教育四个阶段进行了分析。

除了这些研究外，在美国高等体育教育的发展历程中还有四次比较重要的关于人才培养的全国性会议，分别于 1948 年、1962 年、1973 年、1980 年举办。这些会议的总结报告中也有很多关于美国高等体育教育人才培养的研究和讨论。1948 年体育领域的本科人才培养会议树立了美国体育专业教育办学机构的目标，明确了未来体育教师所要具备的能力；1962 年的会议制定了人才培养的标准，推荐增加通识教育，延长修业时间至五年等；1973 年会议的主题为“通过多元化统一”，进一步改善了人才培养的过程，并提出了新的思想、概念，增加了舞蹈、安全教育、健康、体育教育和休闲娱乐等课程；1980 年会议的主题为“通过多元化发展”，讨论了体育教育本科专业的四种人才培养模式。

（三）关于美国高等体育教育课程发展史的研究

关于美国高等体育教育专业的研究，具有代表性的著作就是 Williams 的《美国和加拿大高等教育机构体育专业课程的变化》（*The changing physical education major curriculum in American and Canadian*

---

① SNYDER R A，SCOTT H A．Professional preparation in health，physical education，and recreation［M］．New York：McGraw-Hill Book Company，1954．

② NIXON J E，JEWETT A E，NIXON E W．An introduction to physical education［M］．Philadelphia：W. B. Saunders，1969．

institutions of higher education）[①]，该研究将美国高等体育教育专业的发展历程分为 1860—1900 年、1901—1930 年、1931—1959 年三个阶段，确定了美国高等体育教育专业在历史发展中的重大变化，以及这些变化带来的发展趋势，并对这些趋势进行了分析。

对美国体育课程的发展历程研究中，比较重要的文献是 Newman R. E. 等人的《美国高等教育体育教师教育课程的历史概述》（*Historical overview of physical education teacher education curricula in American higher education*）[②]，该文献对美国高等教育中体育教师教育课程的历史演变进行了研究，作者将课程的历史演变阶段分为 1860—1900 年体育教师培训学校的开端及公立和私立体育教师教育院校发展时期，1901—1917 年运动、休闲和舞蹈时期，1918—1929 年各州为健康和体育教育立法时期，1930—1940 年大萧条时期，1941—1949 年健康教育和休闲的扩张时期，20 世纪 50 年代身体健康和运动训练时期，20 世纪 60—80 年代研究、联邦立法、专业化及师资供给时期；另外，作者还对推动课程改革的动力进行了深入分析，最后对美国健康、体育、休闲和舞蹈联盟（AAHPERD）如何从最初的组织结构演变为当前美国公认的知名组织进行了阐述。

Donnelly 在《美国部分大学男子体育教育或相关专业的课程趋势分析》（*An analysis on curriculum trends for men majoring in physical education or related fields, in selected colleges and universities of the*

---

① WILLIAMS C C. The changing physical education major curriculum in American and Canadian institutions of higher education [D]. Greensboro: University of North Carolina at Greensboro, 1971.

② NEWMAN R E, MILLER M T. Historical overview of physical education teacher education curricula in American higher education [EB/OL].(1990-12-19)[2019-03-09]. https://eric.ed.gov/?id=ED381521.

United States）[①]中对美国体育教育教师专业培养的历史进行了简要的介绍，并对 72 所学校课程相关问题进行了研究，发现不同类型的课程在办学机构的规模、性质、所在地、科目、学时等方面存在着差异。Tierney 在《教师教育发展对体育专业课程的启示》（*The implications of developments in teacher education for professional curricula in physical education*）[②]中的一个章节里探讨了体育教育中教师教育的发展历程，其中包括机构的开端，课程的发展历程和变化以及对主要发展的总结。

（四）关于美国高等体育教育办学机构发展历程的研究

关于美国高等体育教育办学机构发展历史的研究，代表性文献有 Wacker 的《1861—1958 年美国培养体育教师的私立专门性机构的历史》（*The history of the private single-purpose institutions which prepared teachers of physical education in the United States of America from 1861 to 1958*）[③]，该研究分析了 12 所私立体育专业师范学校的发展历程，其中有很多关于这些学校的办学资料、数据及对办学人员的采访口述等，有些体育专业师范学校在历史的长河中渐渐消失，这些难以获得的素材为后来的研究者提供了珍贵的历史性资料。

另外，Hanna 的《体育师范学校的现状》（*Present status of physical training in normal schools*）[④]展示了体育师范学校在 19 世纪末 20 世纪初

① DONNELLY J A. An analysis on curriculum trends for men majoring in physical education or related fields，in selected colleges and universities of the United States［D］. Laramie：University of Wyoming，1953.

② TIERNEY R J. The implications of developments in teacher education for professional curricula in physical education［D］. New York：New York University，1958.

③ WACKER H M. The history of the private single-purpose institutions which prepared teachers of physical education in the United States of America from 1861 to 1958［D］. New York：New York University，1960.

④ HANNA D. Present status of physical training in normal schools［J］. American Physical Education Review，1903，8（4）：293–297.

的办学状况。也有学者对南加利福尼亚大学体育学院本科专业课程发展历程进行了研究，并将其发展历程分为三个时期，分析后发现在整个发展历程中体育课程有三个大的变化：第一个大的变化为 1917 年引入中等证书；第二个大的变化为 1964 年开始实施具有中等教育专业化标准的教师资格证书；第三个大的变化为 1974 年的证书程序包括多学科教师资格证书和单学科教师资格证书，持单学科教师资格证书的体育教师现在可以在从幼儿园到 12 年级的任何年级任教[①]。

1971 年 Gerber E. W. 在《体育教育的创新者和机构》（*Innovators and institutions in physical education*）[②]一书中介绍了对美国体育教育有重要影响的体育教育先驱和办学机构。作者认为对美国体育教育有重要影响的体育教育先驱有 Beecher C. E.、Lewis D.、Hitchcock E.、Sargent D. A.、Fitz G. W.、Posse N.、Hartwell E. M.、Hanna D.、Anderson W. G.、Mckenzie R. T.、Gulick L. H.、Bancroft J. H.、Burchenal E.、Perrin E.、Wood T. D.、Hetherington C. W.、Nash J. B.、Mccloy C. H.、Williams J. F. 等；美国体育教育的创新院校有圆山学校（Round Hill School）、北美体操联合会师范学校（Normal College of the North American Gymnastic Union）、萨金特体育学校（The Sargent School for Physical Education）、哈佛暑期体育学校（Harvard Summer School of Physical Education）和波士顿体操师范学校（Boston Normal School of Gymnastics）。该著作中列出的体育教育先驱和办学机构，为美国高等体育教育的发展起到了开拓性的作用。

---

① GOLBACH D S. A chronological study of the development of the undergraduate professional curriculum in the Department of Physical Education at the University of Southern California (1910-1975)［D］. Los Angeles：University of Southern California，1977.

② GERBER E W. Innovators and institutions in physical education［M］. Philadelphia：Lea & Febiger，1971.

Haubenstricker J. L. 等人在《百年人体运动学：历史、研究和反思》（*100 years of kinesiology：history，research，and reflections*）①一书中对密歇根州立大学体育学院的发展历程进行了个案分析，阐述了在百年发展历史进程中，密歇根州立大学体育学院如何应对不断变化的社会需求。书中包括对密歇根州立大学体育学院的历史回顾以及对学院四个实验室发展历史的回顾，作者将该体育学院的历史发展沿革分为1899—1918年的早期时代、1919—1943年的发展时代、1944—1964年的增长和扩张时代、1965—1999年的多样化和整顿时代，最后作者还请该学院的知名校友对学院的发展给予了反思和建议。该著作极大地丰富了美国高等体育教育发展历程的知识内容和体系，个体院校的发展历程既是整个美国高等体育院系发展的缩影，也是对美国高等体育教育发展情况的一种折射，能帮助我们从微观的层面更加具体地了解美国高等体育院系发展的详细情况。

（五）关于美国高等体育教育学科发展历史的研究

在美国高等体育教育学科发展历史的研究方面，1981年Brooks在《体育教育的学术学科视角》（*Perspectives on the academic discipline of physical education*）②一书中对体育学术学科的发展历程进行了阐述。该书将发展历程分为从古典时期到19世纪、从1885年到1929年（体育教育成为专业）、从1930年到1959年（激发研究努力的时期）及从20世纪60—70年代（有组织的努力时期）这几个时期。在这些时期中，该书以早期创办的协会、学术杂志、文献、教材、研究及重要的事件发展历

① HAUBENSTRICKER J L，FELTZ D. 100 years of kinesiology：history，research，and reflections [M]. East Lansing：Michigan State University，1999.

② BROOKS G A. Perspectives on the academic discipline of physical education [M]. Champaign：Human Kinetics Publishers，Inc.，1981.

程为主线，从学术学科发展的角度展现了美国高等体育教育的发展状况。

1997 年 Massengale 等人编著的《训练和运动科学的历史》（*The history of exercise and sport science*）[①]记录、检查和分析了在训练和运动科学领域的分支学科的发展历史。在对体育领域的发展分期中，作者将整个领域的发展历程分为 1885—1920 年、1921—1945 年、1946—1994 年三个历史阶段。该书确定了体育教育学、适应体育活动与教育、运动社会学、体育史、体育哲学、运动行为、运动心理学、生物力学和运动生理学等九个分支学科，详细阐述了各学科的发展历程及重要事件，这些分支学科随着研究和学科专门化的发展而发展。该著作还为各个学科提供了跨学科的联系，从而说明整个体育学领域的共同基础、独特的贡献和问题领域等。这是一本对体育学领域历史研究较为全面的书籍，为我们理解美国高等体育教育的发展历程提供了更全面的视角。

2009 年，Wuest 等人的《体育教育、训练科学与体育运动的基础》（*Foundations of physical education，exercise science，and sport*）[②]论述了体育教育、训练科学和体育运动的历史渊源，追溯了体育教育、训练科学和体育运动从早期文化到今天的发展历程。另外该书也对动作行为领域、生物力学领域、运动生理学和健身领域、社会学领域及运动心理学领域等发展历程进行了概述。

Hoffman S. J. 主编的《运动机能学概论：身体活动研究》（*Introduction to kinesiology：studying physical activity*）[③]已经是第四次出版了，自 2000

---

① MASSENGALE J D，SWANSON R A．The history of exercise and sport science［M］. Champaign：Human Kinetics Publishers，1997．

② WUEST D A，BUCHER C A．Foundations of physical education，exercise science，and sport［M］．New York：McGraw-Hill College，2003．

③ HOFFMAN S J. Introduction to kinesiology：studying physical activity［M］. Champaign：Human Kinetics，2013．

年首次出版以来，分别于2005年、2009年和2013年再版，该书在体育领域也获得了极大的关注，随着体育学领域名称的变化，运动机能学名称逐渐为各院校和机构所接受，该书就对运动机能学学科进行了深入的分析，认为身体活动是运动机能学学科关注和研究的核心，不仅对运动机能学和身体活动的历史进行了分析，也对相关的分支学科的历史进行了研究。该著作认为健康和体力活动是运动机能学的核心，也是未来发展的趋势，这是目前了解运动机能学历史、现状和未来的代表性著作。

（六）述评

美国学者对美国高等体育教育研究的成果很多，本书主要选取历史方面的研究并对其进行了综述。

美国早期文献以研究教师培训学校和体育教育先驱为主。这些早期历史文献的作者几乎没有接受过历史方面的正式训练，他们不是训练有素的历史学家，而是怀着记录历史的兴趣和愿望的体育教师，这些作者很少获得来自其他领域的历史学家的合作邀请或建议，早期的历史书籍也是描述性的编年史，即将事件展开，缺乏联系和相应的解释[①]。但不可否认的是，正是这些学者的开创性努力，为我们奠定了历史研究资料的基础，才有后来学者继往开来的著作文献的涌现。

从20世纪50年代开始，研究体育教育历史方面的文献开始增多，一些博士学位论文也逐渐开始对该领域进行研究，除此之外，在体育学相关的学术会议上也出现了专门关于体育学人才培养和课程方面的讨论，文献以研究人才培养和课程设置为主，随着分支学科的增多，相关讨论也扩展到对各分支学科的历史探究。从20世纪50年代到80年代是体育教育历史研究成果较为丰硕的时期。随后，体育教育历史

① KIRK D，MACDONALD D，O' SULLIVAN M．Handbook of physical education［M］．London：Sage，2006．

的研究热度逐渐下降，主要可能是因为体育学科逐渐科学化，学者对运动生物力学、运动生理学、动作控制与学习、运动心理学等方面的关注度增多，而偏向体育人文社会学方向的历史和社会学等关注度便开始下降。

值得注意的是，虽然美国高等体育教育历史相关的研究成果较为丰硕，但大都是作为体育教育发展历史中的一部分进行阐述的，或是某一段时期的研究，或是某一个主题（如课程）的历史研究，或是某一所学校的历史研究，因此，从 1861 年体育培训学校创建至今，对整个美国高等体育教育发展历程的研究尚未被发现。另外，美国体育学者对美国高等体育教育发展历程的研究着眼于为美国的教育发展服务，旨在追踪历史，记录历史，找到影响发展的因素或挖掘高等体育教育过去所做的贡献，从而为美国高等体育教育的未来发展指明方向或提供有益的参考借鉴。而本书则将从为我国高等体育教育发展服务的视角进行研究，从对我国高等体育教育发展有益启示的主题和重大事件进行探索。

三、美国高等体育教育发展历史的分期

对某发展历程进行研究的一个重要部分，就是对其历程进行时期的划分。历史时期划分有助于从整体上认识历史和把握历史，是全面理解历史的一种必要工具。正如德兰迪等人所说，“历史分期对历史记录中的明显失序进行规范、包装和校准，置入时间或者知识方面的分割点，从而创造出某种秩序。这样也就简化了记忆，便于进行教育”[①]。历史时期的划分也决定了研究的写作思想和写作脉络，体现了文章要关注的重点和想要表达的研究结果。目前美国高等体育教育历史的研究在分期上是

---

① 德兰迪，伊辛．历史社会学手册［M］．李霞，李恭忠，译．北京：中国人民大学出版社，2009：374．

"仁者见仁，智者见智"，学者因其研究的历史角度、学术的维度和理解的程度不同而有着不同的划分方式和方法。本书将其划分方式分为明确时间的划分方式和各类主题的划分方式两种，并会介绍本书采用的划分方式及划分依据。

（一）明确时间的划分方式

明确时间的划分方式是将美国高等体育教育的发展历程较为明确地划分成各个历史时期，每个时期都有具体的时间起始节点。

在这类划分方法中需要注意的是针对美国体育教育史的分期和针对美国高等体育教育史的分期两种不同的侧重模式。针对美国体育教育发展历史的分期虽然在不同的时期也会专门探讨体育专业教育的发展情况，但它分期的主要目的不是分析体育专业教育，而是分析范围更广泛的体育教育，因此它的时间节点可以作为参考，但是需要慎重借鉴；美国高等体育教育的历史分期以对体育专业教育的分析为目的，纵然其角度和观点会有所不同，但相对美国体育教育史的分期而言，对本书可能更加具有直接的参考价值和借鉴意义。

首先在美国体育教育发展历史的具体分期中，Rice E. A. 在《体育教育简史》（*A brief history of physical education*）[①]中分时期介绍了美国体育教育的发展历程，将体育专业教育出现后的历史时期分为 19 世纪后期有组织的体育教育（1865—1900 年）、20 世纪早期有组织的体育教育（1900 年—第二次世界大战时期）和 20 世纪中期有组织的体育教育（第二次世界大战后—1950 年）。Van Dalen 等人在《世界体育史：文化、哲学、比较》（*A world history of physical education：cultural，philosophical，*

① RICE E A，HUTCHINSON J L，LEE M. A brief history of physical education［M］. New York：Ronald Press，1969.

comparative）[①]中以民族主义和国际主义为分界点将美国体育教育的发展历程划分为四个阶段：1787—1865 年为第一阶段，1866—1900 年为第二阶段，1901—1930 年为第三阶段，1931—1953 年为第四阶段。Hackensmith 在《体育教育史》（*History of physical education*）[②]一书中将美国体育专业教育出现后的发展历程分为六个阶段进行分析，分别为 1861—1900 年、1901—1917 年、1918—1929 年、1930—1940 年、1941—1949 年、1950—1966 年，作者在各阶段专门对体育专业人才培养的情况进行了介绍。Walton 等人在《体育、运动科学和运动的基础》（*Foundations of physical education，exercise science and sports*）中将内战后美国体育教育和运动的发展历程划分为内战后—1900 年、1901—1915 年、1916—1919 年、1920—1929 年、1930—1939 年、1940—1970 年、1971—2017 年[③]。

Schwendener 在《美国体育教育史》（*A history of physical education in the United States*）[④]中将体育专业教育出现后的发展历程分为三个阶段，分别为地方时期（1782—1885 年）、欧洲影响的高潮和低谷时期（1886—1918 年）及美国体育教育时期（1919—1942 年）。作者在每个阶段分别讨论了与体育教育发展相关的不同的人物和事件；其中也涉及了对体育专业教育师资培养的概述，以及影响体育专业教育发展的社会、宗教、经济和政治等因素。Swanson 等人在《美国运动和体育教育史》（*History of sport*

---

① VAN DALEN，DEOBOLD B.，ELMER D，et al. A world history of physical education: cultural，philosophical，comparative［M］. New Jersey：Prentice-Hall，1953.

② HACKENSMITH C W. History of physical education［M］. New York：Harper & Row，1966.

③ WALTON-FISETTE J L，WUEST D A. Foundations of physical education，exercise science and sports［M］. New York：McGraw-Hill Education，2017.

④ SCHWENDENER N. A history of physical education in the United States［M］. New York：A. S. Barnes and Company，1942.

and physical education in the United States）[①]中概述了运动和体育教育的发展历程，将整个运动和体育教育的发展历程分为七个阶段，其中涉及体育专业教育的时期是19世纪中期以后的五个阶段，第一个阶段为1841—1885年，主要讲述从游戏到运动，从训练到体育教育的变迁；第二个阶段为1886—1917年，主要讲述运动和体育教育的组织；第三个阶段为1918—1945年，主要讲述在社会变化时期运动和体育教育的增长；第四个阶段为1946—1970年，主要讲述美国在第二次世界大战后的运动和体育教育；第五个阶段为1971—1993年，主要讲述运动和体育教育。

首先，可以看到，关于美国体育教育发展的历史分期，学者们尚未就发展时期的划分达成共识。但是从以上的历史分期中，可以看到学者们确定的几个重要的体育教育发展的时间节点，其中有两位以上的学者均采用了1865年、1885年、1900年、1918年、1930年、1940年、1945年和1970年的时间节点。

其次，在美国体育专业教育发展历史的具体分期中，Zeigler在《美国体育教育职业准备的历史》[②]中将美国体育专业教育的发展历程分为1860—1890年、1891—1920年、1921—1948年这三个阶段，该研究对体育专业人才培养的发展历程进行了系统的梳理和分析。Oglesby等人主编的《运动机能学基础》（*Foundations of kinesiology*）[③]著作中关于运动机能学历史的章节将运动机能学的发展历程分为胚胎期（1880—1900年）、专业化时期（1901—1960年）、学术学科时期（1961—1989年），

---

① SWANSON R A，SPEARS B M．History of sport and physical education in the United States［M］．Madison：Brown & Benchmark，1995．

② ZEIGLER E F．A history of professional preparation for physical education in the United States［D］．New Haven：Yale University，1950．

③ OGLESBY C A，HENIGE K，MCLAUGHLIN D W，et al．Foundations of kinesiology［M］．Burlington：Jones & Bartlett Learning，2017．

运动机能学作为统一的名称时期（1990—2017 年）。Newman 在《美国高等教育体育教师教育课程的历史概述》（*Historical overview of physical education teacher education curricula in American higher education*）[①]中对美国高等教育中体育教师教育课程的历史演变进行了研究，作者将体育教师教育课程的历史演变阶段分为 1860—1900 年体育教师培训学校的开端及公立和私立体育教师教育院校发展时期，1901—1917 年运动、休闲和舞蹈时期，1918—1929 年各州为健康和体育教育立法时期，1930—1940 年大萧条时期，1941—1949 年健康教育和休闲的扩张时期，20 世纪 50 年代身体健康和运动训练时期，20 世纪 60—80 年代研究、联邦立法、专业化及师资供给时期。Williams 的《美国和加拿大高等教育机构体育专业课程的变化》（*The changing physical education major curriculum in American and Canadian institutions of higher education*）[②]将美国高等体育教育专业的发展历程分为 1860—1900 年、1901—1930 年、1931—1959 年三个阶段。

关于体育学科的发展历史分期，Brooks 在《体育教育的学术学科视角》（*Perspectives on the academic discipline of physical education*）[③]一书中对体育学术学科的发展历程进行了阐述。该书将发展历程分为从古典时期到 19 世纪、从 1885 年到 1929 年（体育教育成为专业）、从 1930 年到 1959 年（激发研究努力的时期）及从 20 世纪 60—70 年代（有组织

---

① NEWMAN R E，MILLER M T. Historical overview of physical education teacher education curricula in American higher education[EB/OL].（1990－12－19）[2019－03－09]. https://eric.ed.gov/?id=ED381521.

② WILLIAMS C C. The changing physical education major curriculum in American and Canadian institutions of higher education [D]. Greensboro：University of North Carolina at Greensboro，1971.

③ BROOKS G A. Perspectives on the academic discipline of physical education [M]. Champaign：Human Kinetics Publishers，Inc.，1981.

的努力时期）这几个时期。Massengale 等人编著的《训练和运动科学的历史》（*The history of exercise and sport science*）[①]记录、检查和分析了在训练和运动科学领域的分支学科的发展历史。在对体育领域的发展分期中，作者将整个领域的发展历程分为 1885—1920 年、1921—1945 年、1946—1994 年三个历史阶段。

另外，我国学者张建华等人在《美国体育专业教育的历史沿革》[②]中将美国体育专业教育发展的历史阶段分为私立体育师范学校的创建时期（1861—1900 年）、大学建立体育师范专业时期（1901—1950 年）、繁荣发展期（1951—1970 年）和分化、改革发展期（1971—1997 年），分析了各个时期中体育院校的规模、师资、课程、专业及体育专业教育发展的影响因素等。李忠梅在《从美国体育院系的发展看我国高等体育院校的改革》[③]一文中对美国体育院系的历史发展进程进行了分析，以 1861 年刘易斯创办的第一所体育学校作为美国体育专业教育的起点，以第二次世界大战为时间节点，将美国体育院系发展的历史分期分为第二次世界大战前和第二次世界大战后美国体育院系的发展。

总的来看，以上文献的历史分期方法针对美国的体育专业教育或体育学科的发展历程进行划分，与本书的主题更为贴近，更符合对美国高等体育教育发展历程的分析和理解。在这些学者的划分节点中，有较多学者采用了 1860 或 1861 年、1885 年、1900 年、1920 年、1930 年、1945 年、1950 年和 1960 年等作为历史分期的时间节点。

---

① MASSENGALE J D，SWANSON R A. The history of exercise and sport science［M］. Champaign：Human Kinetics Publishers，1997.

② 张建华，杨铁黎. 美国体育专业教育的历史沿革［J］. 体育文史，1997（6）：46-48，16.

③ 李忠梅. 从美国体育院系的发展看我国高等体育院校的改革［J］. 西安体育学院学报，2004，21（2）：94-97.

（二）各类主题的划分方式

美国高等体育教育的发展由不同的主题要素构建而成，这些主题的发展脉络、演变历程也组成了高等体育教育的整个发展历程。在前人的历史研究中，一些学者采用将不同的主题进行分类，在各类主题下再按时间发展的顺序进行阐述，并以此来反映美国高等体育教育的历史发展变化情况。

例如，Rocker 的《1860—1962 年体育教育本科专业准备的主要主题》（*Major themes of undergraduate professional preparation in physical education from 1860 to 1962*）[①]就是按照主题进行分类的，主要分为以下六个主题：专业准备的办学机构、专业准备的时间结构、专业准备的管理机构、专业准备的目的、专业准备的课程、专业准备的研究，在这六个主题下分为 1860—1899 年和 1900—1962 年两个时间阶段，按照时间的发展顺序进行研究。

Wacker 的《1861—1958 年美国培养体育教师的私立专门性机构的历史》（*The history of the private single-purpose institutions which prepared teachers of physical education in the United States of America from 1861 to 1958*）[②]，将其所研究的 12 所私立体育专业师范学校作为划分的主题，在这些办学机构的主题下再对各类主题即每所办学机构的发展历程按照时间顺序进行研究，在这些主题下时间发展的时期划分根据具体的学校发展情况而有所不同，并没有统一的时间阶段的划分。

---

① ROCKER J L. Major themes of undergraduate professional preparation in physical education from 1860 to 1962［D］. Los Angeles：University of Southern California，1971.

② WACKER H M. The history of the private single-purpose institutions which prepared teachers of physical education in the United States of America from 1861 to 1958［D］. New York：New York University，1960.

（三）本书的时期划分及划分依据

基于上述学者对美国高等体育教育历史时期的划分方法，再根据笔者对美国高等体育教育发展历程总体性质的认识和理解，即美国高等体育教育的发展是从无到有、从少到多、从简单到复杂、从单一到多元的不断演进的过程，笔者立足于美国高等体育教育构成要素的变迁，试图选择从线性历史观出发，采用明确时间的划分方式对美国高等体育教育的历史进行分期，以便更合理地理解和认识其整体演变进程。

在划分的依据上，高等教育的研究过程中一般有三种对历史分期的划分依据[①]：第一种是以高等教育的内在发展特征为依据，不考虑外在社会、环境的变化，被称为“家史”或“内部史”。第二种是以外在经济社会的发展变化为依据进行历史分期的划分，一般以重大的社会事件、经济发展、政治变化或大型战争为划分的节点，也被称为“政治史”或“外部史”。第三种是将高等教育的内部发展与外部环境的变化相结合，既考虑内部史的发展特点，也考虑外部史的变化情况；这种划分方法避免单纯的“内部史”和单纯的“外部史”划分所出现的弊端，具有一定的合理性。

本书选取了第三种划分依据即综合考虑美国高等体育教育的“内部史”和外部环境变化的“外部史”。以美国高等体育教育的内部发展变化过程中一些重大的事件为主要依据，这些重要的事件也是体育专业教育发展的里程碑事件，为它迈入另一个阶段起到了标志性的动力契机的作用，同时综合考虑美国社会、经济、政治和文化等外界环境变化的影响。从线性的历史观出发，将整个发展历程的时间轴划分为五个不断演进的时期。

---

① 张斌贤，王慧敏．美国高等教育沿革的阶段特征与历史分期［J］．教育研究，2018，39（6）：146－153， 159．

第一个时期为1861—1899年的美国高等体育教育萌芽时期。这个时期以第一所美国体育教师培训学校的创办为起始点，标志着美国体育专业教育的开始。关于这个起始时间在国内外已经获得了众多学者的共识，国内的学者也基本无一例外地将其作为美国体育专业教育的开端，国外学者也认同刘易斯在1861年创办的体育学校为美国第一所体育专业学校。虽然在这个时期也出现了1865年内战结束和1885年体育协会的出现等标志性事件，但综合考虑美国体育专业教育内外部影响因素，以及与本书主题的契合性，笔者选择了以1861年第一所体育专业学校的建立作为这部历史的起始点。

第二个时期为1900—1929年的美国高等体育教育大学化体系形成时期。这段时期以美国体育专业教育逐渐进入高等教育机构，大学化体系形成为划分依据。虽然在19世纪末期，便有少数大学开设了体育教育课程，但是这些学校在萌芽时期还未完全发挥作用，在办学质量上并不比私立的体育师范学校好。直到1900年前后，第一个体育教育的学士学位才被授予。关于第一个授予体育教育专业学生学士学位的办学机构目前有几种观点，第一种观点认为，1900年内布拉斯加大学授予了美国体育教育历史中的第一个体育专业学士学位，2年后的1902年欧柏林学院也授予了体育专业学位①。第二种观点认为，第一个授予体育专业学士学位的办学机构是哈佛大学，它于1893年就授予了体育专业的理学学士学位；第二个授予体育专业学位的是斯坦福大学，该校于1897年授予了体育专业学士学位②。不论以上哪个观点的证据更确凿，都帮助证实了体育

---

① NEWMAN R E，MILLER M T. Historical overview of physical education teacher education curricula in American higher education[EB/OL].(1990-12-19)[2019-03-09]. https://eric.ed.gov/?id=ED381521.

② KROLL W，LEWIS G. The first academic degree in physical education [J]. Journal of Health，Physical Education，Recreation，1969，40（6）：73-74.

专业教育在 1900 年后肯定进入了大学化发展阶段，并开始授予本科学士学位。因此，本书将 1900 年确定授予了体育专业学士学位的时间作为美国高等体育教育大学化体系形成时期的起始点，标志着体育专业教育正式进入了高等教育层次。在这一阶段，体育专业教育在高等教育体系中逐渐被广泛接受，越来越多的高校开始在课程设置中增加体育专业教育的课程。

第三个时期为 1930—1959 年的美国高等体育教育专业化发展时期。本书选择将 1930 年作为该时期的起点，在这一时期体育专业学校完成全面转型，暑期体育学校完全关闭，私立体育专业学校全部进入大学化体系，体育教育向着更加专业化的方向发展。这一时期经历了美国经济的大萧条时期，也跨过了 1941—1945 年的第二次世界大战时期，虽然外部的经济和社会政治环境发生了较大的变化，高等体育教育在这期间也受到了一定的影响，但在办学机构的发展和课程发展等方面依然取得了实质性的进步。可以说这一时期是美国高等体育教育发展形势较为复杂的时期，也是渐变时期。

第四个时期是 1960—1989 年的美国高等体育教育学科化发展时期。这一时期美国高等体育教育内外部环境的变化激起了体育“科学化”的呼声，其中有两个事件带来了体育教育领域的彻底转型，也被公认为是体育教育变革的催化剂。第一件事是 1963 年哈佛大学前校长 Conant J. B. 在其出版的《美国教师的教育》（*The education of American teachers*）[①]一书中对高等体育教育的研究提出了批评，并且认为大学应该取消这个专业和课程。第二件事是 1964 年加利福尼亚大学伯克利分校的 Henry 教授提出体育不是仅仅培养体育教师和教练职业，而是一门专门探索和传播

---

① CONANT J B. The education of American teachers [M]. New York: McGraw-Hill, 1963.

体育专业知识的学科[1]。这两件事在美国高等体育教育发展历程中具有里程碑式的意义，促进了体育教育从职业向学科的转变。因此，笔者将这两件事共同发生的时间点 1960 年作为本时期的起点。

第五个时期是 1990—2020 年的美国高等体育教育演进为运动机能学时期。在 20 世纪 80 年代，体育领域有多达 100 个不同的名称作为这个专业的代名词。经过学者的热烈讨论，到了 1990 年之后，“运动机能学”则成为替代“体育教育”的新的体育专业名称术语，一些体育院系和组织协会的名称也都将曾经的“体育教育”名称更改为“运动机能学”，美国国家科学研究委员会将运动机能学纳入“生命科学”研究生项目分类中，并将其作为美国体育学博士学科评估的统一学科名称。随着名称的改变，体育领域也开始以身体活动为核心，与健康促进相结合，满足社会发展中出现的新需求。可以看到，运动机能学名称的改变也是美国高等体育教育发展史中的一项重大的变革事件，因此，本书将运动机能学在体育领域逐渐全面展开使用的 1990 年作为演进为运动机能学的新时期起始点。

基于上述分析，本书将美国高等体育教育的发展历程分为以下五个时期：1861—1889 年美国高等体育教育的萌芽时期，1900—1929 年美国高等体育教育的大学化体系形成时期，1930—1959 年美国高等体育教育的专业化发展时期，1960—1989 年美国高等体育教育的学科化发展时期，1990—2020 年美国高等体育教育演进为运动机能学的时期。这种分期综合考虑了美国高等体育教育发展的“内部史”和“外部史”，将历史进程中发生的里程碑事件作为时期划分的分水岭，以期通过这种分期方式来反映美国高等体育教育历史的演变特征和发展趋势。

---

① HENRY F M. Physical education: An academic discipline[J]. Journal of Health, Physical Education, Recreation, 1964, 35(7): 32-69.

第二节　相关概念的界定

在对相关概念的界定中，本书选取了与研究主题密切相关的概念及在中英文的语义和语境中存有差异且较易引起歧义或混淆的概念进行了界定。这些需要界定的概念分别为高等体育教育、职业准备、课程、专业和运动机能学等概念。

一、高等体育教育的概念

高等教育较为权威的定义是由联合国教科文组织所制定的定义："高等教育是指大学、文学院、理工学院和师范学院等机构所提供的各种类型的教育，其基本入学条件为完成中等教育，一般入学年龄为 18 岁，学完课程后授予学位、文凭或证书，作为完成高等学业的证明。"[①]另外，也有学者对高等教育的定义有了进一步的解释，即"高等教育包括由大学或国家主管当局批准为高等学校的其他教育机构提供的各类中等教育后的学习、培训或研究培训"[②]。我国的《教育大辞典》将"高等教育"界定为："中等教育以上程度的各种专业教育及少量高等教育机构设置的一般教育课程计划所提供的教育。"[③]《中华人民共和国高等教育法》对高等教育的明确定义为"本法所称高等教育，是指完成高级中等教育基础上实施的教育"[④]。

---

① 卢晓中. 高等教育：概念的发展及认识［J］. 高教探索，2001（3）：60-63.

② 侯怀银，郭建斌. "高等教育"解析［J］. 大学教育科学，2016（4）：21-26， 124.

③ 顾明远. 教育大辞典［M］. 上海：上海教育出版社，1990：71.

④ 中华人民共和国高等教育法（1998 年 8 月 29 日第九届全国人民代表大会常务委员会第四次会议通过）［J］. 中国高等教育，1998（10）：2-5.

由上可知，高等教育一般是指完成中等教育后，进入高等教育办学机构，完成相应的课程后授予学位、文凭或证书，为培养专门性的高级人才所进行的教育，也称为“中学后教育”。

根据以上高等教育的定义，本书将高等体育教育定义为“为培养体育领域的专门性高级人才所进行的高等教育，在完成了体育专业教育相应的课程后授予学位、文凭或证书”。本书将高等体育教育限定为在高等教育办学机构中进行的体育专业人才教育，不包括高校中进行的公共体育课教学等课程教育活动。我国培养体育专业人才的高等院校的办学机构主要为 14 所体育专业院校以及综合性大学和师范类大学的体育院系；美国培养体育专业人才的高等院校的办学机构主要为各类大学的体育院系或体育学相关专业。

二、职业准备的概念

职业准备（professional preparation），也可称为专业准备或人才培养，是指通过专业教育培训来培养相应的职业身份，以便能从事具体的职业实践工作[①]。职业准备在教育的阶段上分为职前准备教育和在职准备教育，在教育内容方面包括理论课程知识的学习和实践课程的实习。

本书所关注的职业准备主要是指职前的职业准备教育，即在正式步入社会从事体育相关的职业前，要接受的体育专业教育，包括完成体育领域的理论知识学习和实践技能方面的学习及实习准备工作。

三、课程的概念

在美国高等体育教育研究中，课程是体育专业教育中重要的构成要

---

① RONFELDT M，GROSSMAN P．Becoming a professional：experimenting with possible selves in professional preparation［J］．Teacher Education Quarterly，2008，35（3）：41－60.

素和研究主题，最常见的英语课程术语有“curriculum”和“course”两种。

Curriculum 是指广义的课程的总称，包括学生在学习过程中应该掌握的知识、技能和能力，由一组学科或学科内容组成，与教学大纲具有相似的含义，指代课程的整体性。对办学机构规定的这些课程的教学和学习可以帮助学生获得知识和技能，实现高等教育的培养目标。

Course 通常是指狭义的具体教学科目或由具体内容组成的讲座课程，指代课程的个体性，每一门课程对应有相应的课时和学分，修完一门课程后进行考试，修完所有的规定课程后可以获得学位。

四、专业的概念

我国高等教育办学机构中所设置的“专业”与社会上所从事的职业相对应，指代高等教育中各类专门的学科领域。在美国高等体育教育体系中，“专业”一般用两个术语来指代，第一个较为常用的术语是“课程项目”或“课程计划”（program），第二个常用的术语是“主修”或“专业”（major）。体育专业即指体育这个专门领域中的课程项目或课程计划，以及主修的与体育相关的一系列课程的统称。

五、运动机能学的概念

运动机能学“kinesiology”这个单词起源于希腊语和古英文，由“kinesi-”和“-ology”组成。其中“kinesi”可以理解为“运动”，“ology”意为“学科”“学问”或“……的研究”。“Kinesiology”翻译为中文的意思为“人体运动学”“人体机能学”或“运动机能学”，本书将其译为“运动机能学”。运动机能学的概念在美国最早于 1886 年由波瑟提出[①]，从狭

① PAUL J. Centuries of change: movement's many faces[J]. Quest, 1996, 48(4): 531–545.

义上可以理解为与生物力学相关的运动学，而从广义上则可以理解为体育学学科或体育学专业的统称。2006年，美国国家科学研究委员会将运动机能学纳入“生命科学”（life sciences）研究生项目分类中，作为美国体育学博士学科评估的统一学科名称，现在已经发展为美国体育学研究领域和体育类专业办学机构的统一名称，而之前的体育学相关专业的统一名称为体育教育。它与我国通常所提到的体育学这一名称相对应。

对于运动机能学的定义，美国各学界基本上达成了较为一致的看法，如美国运动机能学协会（The American Kinesiology Association）对运动机能学的定义为：“运动机能学是一门学科，涉及身体活动的研究及其对健康、社会和生活质量的影响。”它认为运动机能学的领域“包括但不限于训练科学、运动管理、运动防护与运动医学、运动的社会文化分析、运动与训练心理学、健身领导力、体育教师教育以及物理治疗、职业疗法和医学等健康相关领域的职前培训等研究领域”①。另外一个权威机构美国运动机能学研究院（National Academy of Kinesiology）对运动机能学的定义为：“运动机能学是指对运动的研究。在美国高等教育中，该术语用于描述一个多方面的研究领域，其中以运动或身体活动为研究的焦点。身体活动包括锻炼以改善体质和促进健康；学习运动技巧；从事日常生活、工作、运动、舞蹈和游戏等活动。”②另外，它也进一步指出：“运动机能学是大学和学院学术部门的通用名称，其中包括许多专业领域，涉及从不同角度检查身体活动的原因、过程、结果和背景。专业领域应用知识、探究方法和艺术、人文、科学和专业学科研究领域的原则，

---

① American Kinesiolgoy Academy. Definition of Kinesiology [EB/OL]. [2019-05-15]. http://www.americankinesiology.org/SubPages/Pages/About.

② National Academy of Kinesiology. Definition of Kinesiology [EB/OL]. [2019-05-15]. http://nationalacademyofkinesiology.org/SubPages/Pages/What%20is%20Kinesiology.

包括（但不限于）生物力学、身体活动心理学、运动生理学、身体活动史、身体活动测量、动作发展、运动技能学习与控制、身体活动哲学、身体活动与公共卫生、体育教育学、运动管理、运动医学和身体活动社会学。”美国著名体育学者 Hoffman 也认为运动机能学是“一门关注身体活动的学科或知识体系。该学科由身体活动相关的经验知识、理论知识和专业实践知识所组成”[①]。

由上可知，运动机能学是一门以研究身体活动为核心的学科和知识体系，也是体育相关领域的统称。它的前身，即体育学领域的统一名称是体育教育。本书中的运动机能学历史研究，在美国早期的历史中均被称为高等体育教育历史研究，运动机能学系则被称为体育教育系。为了便于国内读者理解，本书在书名及文中的大部分内容中还是选用高等体育教育来代表美国高校的运动机能学系或体育专业教育。

第三节　美国高等体育教育名称的演变

与我国较为统一的“体育”称谓不同，美国体育专业的名称术语多种多样。它不仅体现在同一时期的名称多样化，在不同时期其名称也都有所不同，而这种名称的多样性和变化性，又往往较易造成理解上的偏差和混淆。

为了对美国高等体育教育的发展历程有更清晰准确的理解，也使得对美国高等体育教育发展历程的研究“名正言顺”，本书专门开展了对美国体育专业名称和术语发展变化的研究来厘清理顺这些称谓。

① HOFFMAN S J. Introduction to kinesiology：studying physical activity［M］. Champaign：Human Kinetics，2013.

在美国高等体育教育的萌芽时期，体育的名称术语为“体操”（gymnastics），这里的“体操”并不是指现在具体的体操运动项目，而是指在体育馆内进行的锻炼或活动。体育意味着各种不同形式的“体操”，体育教师也被称作体操教师。在1900年以前，除了“体操”一词外，“体育”的其他代名词还包括“卫生”（hygiene）、“体育文化”（physical culture）、“身体训练”（physical training）等。其中“卫生”是指保护生命健康的科学，类似于现在的健康教育。因为当时人们认为体育锻炼与保护生命健康密切相关，所以用“卫生”来指代“体育”的含义。“体育文化”是指与身体活动有关的文化，在古典文学在高等教育中占主导地位的时期，较流行使用“文化”一词，除了“体育文化”外，还有“社会文化”“宗教文化”和“知识文化”等[①]。“身体训练”是指与身体素质有关的体育锻炼，用来表示促进身体健康的体育锻炼项目，是19世纪后期较为流行的体育专业术语。因此，在1900年以前，美国的体育教育就意味着体操、身体训练或体育文化[②]。

随着时代的发展，人们慢慢发现“体操”“卫生”“体育文化”等都具有概念范围上的局限性，而“身体训练”又与“军事训练”的概念相混，因此这些术语延续到20世纪初便渐渐消失了。有学者对术语使用的演变情况进行了分析，发现“体育文化”在体育教育早期的发展中应用较多，在1895年达到了使用的高峰期，在1914年完全消失；“身体训练”在萌芽时期和大学化时期均有使用，1908年是其使用的高峰期，在1925

① OJEME E O. Has the name，physical education，outlived its usefulness?［J］. The Physical Educator，1984，41（4）：190－194.

② FREEMAN W H. Physical education and sport in a changing society［M］. New York：MacMillian Publishing Company，1992.

年完全消失[①]。

“体育教育”（physical education）术语直到 1893 年才开始被一些体育教育部门使用，到 1906 年前还是处于缓慢发展的状态，从 1906 年到 1926 年，“体育教育”术语的使用发展迅速，一些大学基本都使用了“体育教育”这一术语[②]。到 20 世纪 20 年代，“体育教育”已经成为公认的术语。有学者认为“体育教育”之所以被如此广泛地接受，是因为这个词中包含了“教育”，体育对教育有重要的贡献作用，可以通过体育活动实施教育的功能[②]。

第一次世界大战后，美国对学生的健康（health）和身体素质（physical fitness）给予了极大的关注。因为战前的身体检查发现，美国青年中有 1/3 的兵役征召者不适合服兵役，而另外 1/3 的人在身体上有病态缺陷。因此，教育和医学领域的领导者们呼吁通过国家立法，强制公立学校的健康教育和体育教学。于是在 1930 年，有多达 39 个州颁布了体育教育立法，并将“体育教育”的名称改为“健康和体育教育”（health and physical education），增加了“健康”的术语。

到 20 世纪后半叶，随着体育科学化的发展，体育领域开始出现各类“运动科学”的名称和术语，如“运动科学”（sport science）、“训练科学”（exercise science）、“运动科学”（movement science）等，“体育教育”逐渐向“训练和运动科学”转变。另外，在这段时期里，其他的名称如“运动”（sport）、“人类表现”（human performance）、“人类动力学”（human kinetics）、“运动机能学”（kinesiology）、“人体人类学”（kinanthropology）、

---

① ELLIOTT R. The organization of professional training in physical education in state universities［D］. New York：Columbia university，1927.

② WILLGOOSE C E. The curriculum in physical education［M］. Englewood Cliffs，New Jersey：Prentice-Hall，1979.

“娱乐”（recreation）、“休闲研究”（leisure studies）等术语或它们的组合也都逐渐出现，而“体育教育”的使用频率呈现下降的趋势[①]。总的来说，这段时期体育专业的术语名称呈现出分歧化的状态。

随着体育学科的继续发展，体育专业的范畴已经不仅仅局限于体育教育领域，还扩展到了运动生理、生物力学、运动心理学、体育社会学等学科领域。因此，很多教育家认为“体育教育”这个名称过于狭隘，已经不能准确地描述整个体育领域了。到了20世纪80年代，有多达100个不同的名称（各种字词的组合）被作为体育领域的名称来使用，关于高等体育教育（physical education in higher education）的名称有了很多的讨论。虽然大多数人对“体育教育”不满意，但还是没有就统一的名称达成共识。

之后，州立法机构对“体育教育”这个名称产生了较大的影响，在得克萨斯州和科罗拉多州，州立法机构通过了法律，要求教师教育专业的名称中不包括“教育”一词[②]。这一改变虽然不是专门针对体育教育的，但是也说明了美国社会当时普遍缺乏对教师教育专业的尊重。在这一政策的影响下，体育教育这个名称将不能用来称呼这些州的相关学术部门。随后，体育教育专业中最常见的名称便被转换为运动机能学、训练科学、运动科学、人类表现，以及其他各种包含训练、运动、科学、研究和人类表现的组合名称。体育教育专业的名称变得多样化，其行政单位的功能也比之前更为广泛。

到了20世纪90年代之后，“运动机能学”成为替代“体育教育”的新的体育专业名称术语。虽然也有学者持有不同的意见，但是大部分学

① ČUSTONJA Z，MILANOVIĆ D，SPORIŠ G. Kinesiology in the names of higher education institutions in Europe and the United States of America［J］. Kinesiology，2009，41（2）：136–146.

② NELSON R C. Goodbye“physical education”，hello“exercise and sport science”［J］. The Academy Paper，1990（23）：58–61.

者认同“运动机能学”能够作为体育专业的名称术语。一些体育院系和组织协会的名称也都将曾经的“体育教育”名称更改为“运动机能学”。2006年，美国国家研究委员会将“运动机能学”纳入“生命科学”研究生项目分类中，作为美国体育学博士学科评估的统一学科名称，这一决定更加巩固了“运动机能学”作为当前美国体育学研究领域和体育类专业办学机构的统一名称的地位。因此，目前与我国“体育学”名称相对应的美国体育专业名称为“运动机能学”。

总的来看，美国高等体育教育的名称随着体育专业教育的发展而不断演变，这些名称的变化不仅反映了社会趋势的变化，也反映了体育教育领域使命和内涵的变化。同时这些名称术语在一定程度上也表达了不同时期美国高等体育教育的教育哲学。通过对名称术语演变进程的解释和阐述，笔者希望为后续各个时期美国高等体育教育的发展提供更加清晰的理解基础。

第二章 美国高等体育教育萌芽时期

1861 年刘易斯在波士顿创办了美国的第一所体育教师培训学校，标志着美国高等体育教育的开端。

第一节 美国高等体育教育萌芽时期的历史背景

一、工业化发展

19 世纪，美国从以农业为主的国家逐渐发展为以工业为主的国家，工业化的发展带来了技术的革新，改变了美国人的生活方式，影响了人们的运动和休闲活动，也减少了美国人每天平均所需的身体活动量；因此，那些积极活动的人因担心人们生活中缺乏“活力”，便开始呼吁将运动作为解决“软”生活的矫正方法[①]。

---

① OGLESBY C A，HENIGE K，MCLAUGHLIN D W，et al. Foundations of kinesiology［M］. Burlington：Jones & Bartlett Learning，2017.

二、学校体育兴起

1825 年 Beck C. 在圆山学校任教时，将体操教学纳入其课程中，开启了美国学校体育教育的先例①。随后在 1866 年，加利福尼亚州要求公立学校必须开设体育课程，要进行有益于学生身心健康和精力充沛的体育锻炼。1885 年，Betz C. 建议把体育教育引入公立学校。在这些开创者们的努力下，人们对体操训练的关注度逐渐增加，大城市的公立学校中开始广泛地开展起体育教育课程。另外，在这一时期，美国公立高中数量急剧增长，从 1860 年的 800 所发展到了 19 世纪末 20 世纪初的 6000 多所，学生的注册人数也从不到 8 万人增加到超过 500 万人②。因此，在越来越多的公立学校开设体育教育课程，越来越多的学生需要体育教师的背景下，对体育教师的需求也应运而生。

三、“体操体系之争”

早期的体操属于体育教育和体育文化的范畴，是帮助人们获得并保持健康的一种科学锻炼方式③。由于各类体操系统盛行，因此，这一时期也被称为“体操体系之争”时期。

其中比较著名的体操体系有德国体操体系、瑞典体操体系、萨金特体操体系、法国德尔萨特体操体系和希区柯克体操体系等。德国体操体

---

① GERBER E W. Innovators and Institutions in Physical Education［M］. Philadelphia：Lea & Febiger，1971.

② GROSS C H，CHANDLER C C. The history of American education through readings［M］. Boston：Heath，1964.

③ VAN DALEN D B，MITCHELL E D，BENNETT B L. A world history of physical education：cultural，philosophical，comparative［M］. Englewood Cliffs，New Jersey：Prentice-Hall，1953.

系源自德国的杨氏体操，由德国特纳（Turner）协会组织引入美国，通过各种体操动作发展个体的能力、促进个体的健康；瑞典体操体系是基于医学体操发展而来的，具有医疗康复和动作纠正的效果，注重身体的康复和促进整体的健康；萨金特体操体系是由萨金特发明的，利用个性化的锻炼设备促进身体发展。这些体操体系都有自己的特点和优势，且有各自的拥护群体，在不同的学校和地区广泛开展。关于体操系统在这一时期的使用比例，有调查显示德国体操体系的使用比例占41%，瑞典体操体系占29%，法国德尔萨特体操体系占12%，其他需在有设备的体操馆中开展的体操体系占18%[①]。1889年，美国体育教育促进协会（American Association for the Advancement of Physical Education）专门展示和讨论了德国体操体系、瑞典体操体系、萨金特体操体系及法国德尔萨特体操体系等各种体操体系的优缺点。

四、运动项目逐渐流行

萌芽时期末，田径和体育运动开始普及，网球、高尔夫球、保龄球、手球等运动项目被引入美国，其他运动项目，如摔跤、拳击、排球、滑冰、滑雪、长曲棍球、射箭、田径、足球、壁球、橄榄球和游泳也在美国开始流行起来[②]，尤其是橄榄球和棒球等作为比赛项目和观赏性体育运动深受欢迎。随着运动热情席卷美国，各类流行的运动项目成为体育课程中的重要组成部分。

---

① WUEST D A，BUCHER C A．Foundations of physical education and sport［M］．Boston：WCB/McGraw-Hill，1999．

② WUEST D A，BUCHER C A．Foundations of physical education，exercise science，and sport［M］．New York：McGraw-Hill College，2003．

第二节　美国高等体育教育萌芽时期的概况

一、办学机构

1861 年刘易斯在波士顿开办第一所体育师范学校拉开了美国体育专业教育的序幕。随后，各类体育专业教育办学机构纷纷设立，依据不同的特点办学机构可以分为以下四种类型：私立体育专业学校、私立组织创办的学校、私立暑期体育学校、公立师范学校[①]。

（一）私立体育专业学校

私立体育专业学校是萌芽时期体育专业教育的主要办学力量，在美国高等体育教育的发展历程中发挥了重要的作用。刘易斯于 1861 年创办的美国第一所体育师范学校即为私立体育专业学校，虽然该校于 1868 年就关闭了[②]，但学者都将其视为美国体育专业学校的开端，它的建立在美国高等体育教育历史上具有开创性的意义。

在这一时期，其他一些办学成就比较突出的私立体育专业学校还有：萨金特健康体操馆、布鲁克林体育师范学校、波士顿体操师范学校、波瑟体育学校、纽约体育师范学校等[③]，这些学校的简要信息如表 2–1 所示。

---

① ROCKER J L. Major themes of undergraduate professional preparation in physical education from 1860 to 1962［D］. Los Angeles：University of Southern California，1971.

② LEONARD F E. A guide to the history of physical education［M］. Philadelphia：Lea & Febiger，1923.

③ HARTWELL E M. Physical Training in American Colleges and Universities［M］. Washington：Government Printing Office，1886.

表 2-1　美国高等体育教育萌芽时期私立体育专业学校简介

学校中文名称	学校英文名称	创办时间/年	学校地点	创办者	备注
萨金特健康体操馆	The Sanatory Gymnasium	1881	坎布里奇	Dudley Allen Sargent	1894 年更名为萨金特体育学校（Sargent School for Physical Education）
布鲁克林体育师范学校	Brooklyn Normal School for Physical Education	1886	布鲁克林	William Gilbert Anderson	1892 年更名为安德森体操师范学校（Anderson Normal School of Gymnastics）
波士顿体操师范学校	Boston Normal School of Gymnastics	1889	波士顿	Mary Hemingway	
波瑟体育学校	Posse School of Physical Education	1890	波士顿	Baron Nils Posse	
纽约体育师范学校	New York Normal School of Physical Education	1895	纽约	Watson Savage	

（二）私立组织创办的学校

这一时期，有两个比较有影响力的组织对美国高等体育教育事业做出了重大的贡献。第一个是特纳协会组织，它是由居住在美国的德国移民者组建的。1848 年德国民主革命运动期间，大量德国人离开了自己的家乡，移民来到美国。这些移民过来的德国政治难民们组成了名为特纳的协会。特纳协会在促进体育教育方面发挥了积极作用，并倡导将体育纳入学校教育。

1856 年特纳协会就已经准备建立体育专业学校了，并在当年的匹茨堡会议上通过了建校的决议，即"在美国执行委员会的所在地建立一所培养德国体操指导教师的学校"[①]。但是，由于多种原因，包括内战的爆

① LEONARD F E. A guide to the history of physical education [M]. Philadelphia: Lea & Febiger, 1923.

发，特纳协会创建的北美体操联合会师范学校直到 1866 年 11 月 22 日才在纽约市开学①。学校于 1871 年搬到了芝加哥，1872 年搬回纽约，最后又于 1875 年搬到密尔沃基后才开始稳定繁荣地发展起来。在 1876—1886 年，该校培养了众多优秀的体育教师，他们进入美国中西部的公立学校中开展体操教学。正是因为他们的传播和推广，越来越多的公立学校的领导者们也开始聘请体操教师②。

第二个是基督教青年会组织。基督教青年会于 1887 年创建了基督教青年会国际训练学校。基督教青年会早在 1856 年的全美国代表大会上就讨论了蓬勃发展的体育运动，决定为发展中城市的年轻人建立体育馆③。1864 年，该组织认为只有考虑人的全面发展的机构才是完整的机构，于是通过了一项为基督教青年会的成员增加体育娱乐的决议。1869 年在旧金山和纽约内设体操馆的协会大楼分别建成。随后，各地基督教青年会开始纷纷建立体育馆，到了 1887 年，体育馆的数量已经增加到 170 个，这也催生了对体育馆的专业领导者的极大需求。为了给基督教青年会的运动活动提供专业的领导者，基督教青年会的国际训练学校于 1885 年在马萨诸塞州的斯普林菲尔德成立，1887 年增加了身体训练系④，1890 年改名为基督教青年会培训学校（YMCA Training School），1891 年改名为国际基督教青年会培训学校（International YMCA Training School）。

---

① LEONARD F E. A guide to the history of physical education［M］. Philadelphia：Lea & Febiger，1923.

② ZEIGLER E F. A history of professional preparation for physical education in the United States［D］. New Haven：Yale University，1950.

③ WESTON A. The making of American physical education［M］. New York：Appleton-Century-Crofts，1962.

④ VAN DALEN D B，MITCHELL E D，BENNETT B L. A world history of physical education：cultural，philosophical，comparative［M］. Englewood Cliffs，New Jersey：Prentice-Hall，1953.

这两所学校在美国高等体育教育发展的初期，培养了众多体育专业人才，为体育专业的发展进步做出了努力和贡献，起到了巨大的推动作用。

（三）私立暑期体育学校

私立暑期体育学校主要创建于1880—1890年，它作为一种特殊类型的学校，在这个时期补充了私立体育专业学校和私立组织创办的学校等办学机构在培训时间等方面的不足，利用较长的暑期在体育专业教育领域促进了对体育教师的培训。

1900年前，美国共建立了15所私立暑期体育学校。其中最著名的私立暑期体育学校应该非哈佛暑期体育学校莫属。1887年为了给拥有较长假期的在职体育教师和在读学生提供体育教师方面的培训机会，萨金特博士向哈佛大学申请创建哈佛暑期体育学校。在创建之时，哈佛大学的权威人士由于对这所学校招收女性学生、颁发教师证书、“非学术”性质及学生训练时穿着超短服装等诸多问题不满，并不同意建立这所学校。为了获得哈佛大学的许可，萨金特博士做出了自愿承担该校所有的经济责任等承诺。哈佛暑期体育学校的建立大大地便利了体育师资的培养，在这一时期广受欢迎，吸引了许多教师前来学习，其中不乏来自著名学校的在职教师，如欧柏林学院的Hanna D.、瓦萨学院的Putnam H.、布林莫尔学院的Ladd C.、罗克福德学院的Bridgeman A.、塔斯基吉学院的Washington B. T. 等[①]。

另一所比较有影响力的私立暑期体育学校为安德森博士于1888年在纽约建立的肖夸托暑期体育学校，它也是后期暑期体育学校和体育专业学校开办的榜样。这所学校与哈佛暑期体育学校的办学性质和形式类

① LUPCHO P R. The Harvard Summer School of physical education［J］. Journal of Physical Education，Recreation & Dance，1994，65（3）：43–46.

似，但与哈佛暑期体育学校主要招收正规教师不同的是，肖夸托暑期体育学校可以招收所有类型的人员。

在这一时期还值得一提的暑期体育学校有青年基督教协会暑期体育学校，它开办于1887年，但于1891年关闭了。关闭的原因是暑期培训的学生经常冒充基督教青年会培训学校的全日制学生，暑期较短时间培训出来的学生质量远远达不到正规学校两三年培养出来的质量标准，这样以次充好的现象越来越多，影响了学校的名声，因此学校不得不将暑期体育学校关闭[①]。

（四）公立师范学校

公立师范学校主要是指州立师范学校、市立师范学校和县立师范学校。公立师范学校在美国高等体育教育的萌芽时期也提供了体育教师的培训项目或课程。它们虽然数量不多，表现平平，贡献有限，但也需要提及它们在这一时期为体育专业教育所做的努力。

最早开始提供体育教师培训的公立师范学校是明尼苏达州曼卡托州立师范学院，该校于1868年开设了体育教师的培训课程，开创了美国公立师范学校培养体育专业人才的先河[②]。随后，1871年宾夕法尼亚州的西切斯特州立师范学院开设了一门为期两年的体育师范课程，并将其作为学生的辅修课程。

到了19世纪末，其他公立师范学校也陆续开始提供体育教师培训课程或设置体育教育专业。例如，芝加哥库克县师范学校、布里奇沃特州立师范学校和韦斯特菲尔得州立师范学校均于1891年开始体育教师培训；

① ZEIGLER E F. American sport and physical education history（to 1975）：an anthology［M］. Bloomington：Trafford Publishing，2009.

② President Hitchcock’s Address. American Association for the Advancement of Physical Education，third Annual Meeting 1887［C］. Brooklyn：Rome Brothers Steam Printers，1887.

密歇根伊普西兰蒂师范学校于 1894 年开始提供体育教师培训项目①。

公立师范学校加入体育教师培训的行列，与其他类型的办学机构相呼应，共同满足了这一时期社会对体育教师的需求。

二、培养目标

在体育教师培训学校兴起的这一时期，所有的学校都有一个共同的明确目标，即提供体育培训的师范类课程，培养体育教师或体操教师。但是每所学校在培养体育教师的哲学理念或具体定位上又稍有不同，这些学校既具有共性又分别各有特性的培养目标彰显了这一时期每所体育师范学校的独有特色。表 2–2 是 10 所具有代表性的体育专业学校在办学初期的培养目标。

表 2–2　美国高等体育教育萌芽时期体育专业学校创办初期的培养目标

学校名称	培养目标
体育师范学校	为刘易斯所创办的“新体系”体操培训教师
北美体操联合会师范学校	为德国体操培养理论和实践方面的指导教师，使之能够成功地进行体育指导，并且能对青年的道德和智力发展产生有益的影响
萨金特健康体操馆	培养可以管理和教授萨金特体操体系和方法的教师
布鲁克林体育师范学校	全面培养掌握所有领先的体操体系和方法课程的体操教师
哈佛暑期体育学校	在短时间内尽可能多地培养教授身体训练的教师
基督教青年会国际训练学校	培养可以指导基督教青年会体育馆训练项目的教师，培养体育馆的负责人
肖托夸暑期体育学校	教授各类体操体系和每个体系的教学方法
波士顿体操师范学校	培养瑞典体操体系的指导教师
波瑟体育学校	培养瑞典体操体系的指导教师
纽约体育师范学校	为萨维奇的身体训练体系培养助理教师

① BROWNELL，C. The preparation of teachers in health and physical education [J]. American Physical Education Review，1929，34（5）：278–280.

随着时间的推移，这些学校在发展过程中，其培养目标产生了微小的变化。例如，波士顿体操师范学校在 1893 年进行了细微的调整，在继续培养瑞典体操体系教师的基础上，同时又增加了在生物和医学科学方面的教育[①]。萨金特健康体操馆发展到 1894 年时，培养目标中包括为学生提供“一种增强体质的休闲性和发展性训练的体系”，修订后的目标表明了实现主要目标的一种方法[②]。布鲁克林体育师范学校在 1898 年时，说明学校的目标是满足快速发展的时代对受过教育的男性和女性担任体操教师的需求[③]。

另外，也有学校在培养目标中对培养人才的性别做出了特别的说明，如波士顿体操师范学校在最初的培养目标中提到要培养女性教师，萨金特健康体操馆也提到了培养年轻女性，让她们成为体育教师。

可以看出，这一时期体育专业学校的培养目标具有以下几个特点。

第一，为欧洲体操体系培养指导教师，如北美体操联合会师范学校为美国的特纳协会培训德国体操体系的指导教师；波士顿体操师范学校和波瑟体育学校培养瑞典体操体系的体育教师。

第二，为个人新设计的训练体系培养体育教师，如体育师范学校为刘易斯设计的“新体系”培训教师，他设计的体操体系将瑞典体操体系与自己创新的体操结合在一起，形成了一种新的体操体系[④]；萨金特健康体操馆为萨金特自己设计的训练体系培养体育教师，这种训练体系包括了德国体操体系、瑞典体操体系及他在哈佛大学体操馆任职期间发明的训练体系，萨金特博士认为，“除非我能提供受过训练的人来教这种新方

① Catalogue［Z］. Boston Normal School of Gymnastics，1893.

② Catalogue［Z］. Sargent School for Physical Education，1894.

③ Catalogue［Z］. Anderson Normal School of Gymnastics，1898.

④ LEONARD F E. A guide to the history of physical education［M］. Philadelphia：Lea & Febiger，1923.

法，否则我的伟大工作将毫无用处”①。纽约体育师范学校则是为萨维奇的身体训练体系培养助理教师。

第三，综合各类领先的体操体系，并在此基础上培养全面的体育教师。例如，布鲁克林体育师范学校综合了德国体操体系、瑞典体操体系及法国体操体系，培养的教师可以全面广泛地掌握各类体操体系②。

三、入学要求

在美国高等体育教育的萌芽时期，相应的招生考试制度刚刚开始建立，各校的入学条件要求都相对较低，没有统一的入学标准和要求，招生条件非常宽松。

最初只要对体育专业教育感兴趣的人都可以进入学校学习。例如，萨金特博士开设的健康体操馆的入学条件提到只要是自愿接受体育教师培训课程，愿意从事体育教学的人就可以免费学习一年。另外，安德森博士为了能招收到学生进入布鲁克林体育师范学校中学习，他在教师会议上宣讲，尽一切努力使课堂教师（classroom teacher）感兴趣，从而使他们参加他的日常班或者课后班。同样，纽约体育师范学校的入学要求也提出要招收对萨维奇博士身体发展的技术和方法感兴趣的学生。而对学习瑞典体操感兴趣也是波士顿体操师范学校和波瑟体育学校最初的入学要求。

还有的学校在入学要求上没有规定，例如哈佛暑期体育学校，但它有一项政策与学校的宗旨一致，即“学校的目标是提升对普通科目的兴趣，显示体育与教育之间的关系，并且在短时间内尽可能多地培养可以

---

① SARGENT D A. Dudley Allen Sargent: an autobiography［M］. Washington: Brown Reprints，1927.

② Catalogue［Z］. Brooklyn Normal School of Physical Education，1892.

教授身体训练的人。我们试图开放大门，显示这个领域的范围和丰富程度，通过建议和示范指出这些机遇，让更聪明的人去把握这些机遇”。

随着工业化的发展，学校规模扩大，学生人数增多，这些都对体育教育提出了新的要求，为了提高生源质量，适应教育的发展，办学机构增加了入学要求的标准。到了 19 世纪 90 年代，波士顿体操师范学校的入学要求变为具有高中教育水平、身体健康的学生才可以被录取，另外申请表上至少需要两名知名人士的推荐签字，并且在录用后会有 1 个月的试用期。纽约体育师范学校的入学要求也是招收高中毕业生。另外，一些学校还要求学生提供性格证明、家庭背景和良好的健康状况证明。欧柏林学院在 1894 年的招生条件中注明十六岁以上，具有良好的性格，各种肤色和性别的学生都可以申请，申请者必须是一所好学校的毕业生或者接受过同等的指导，如果有认证学校的毕业证书，则可以不用参加入学考试，入学后有 6 个月的试用期[①]。

组织创办的学校针对组织内部的人群开放，北美体操联合会师范学校在创办初期招收的学生仅限特纳协会的会员。该校在 1890 年的入学要求中说明，招收的学生需要具有至少一年北美体操联合会的会员资格，拥有良好的道德品质，由医生证明具有良好姿态的身体能力，具有良好的体操技术、熟练及流利的英语或德语口语能力及较强的写作能力，不仅能够指导体育训练，而且能够教育青年成为有价值的联盟成员，还要承诺在至少三年的时间里，将在这所学校学到的知识和技能用于这一事业的发展。[②]基督教青年会国际训练学校的入学要求之一是只对具有一定能力的“基督教青年开放”，并要求学生具有一定的英语水平和工作经验，但这些也

---

① Catalogue［Z］. Oberlin College，1894.

② Rules and regulations［Z］. North America Gymnastic Union，1890.

不是绝对的必要条件①。

还有一些学校在这一时期仅招收女生或男生，萨金特健康体操馆在这一时期仅招收女性学生，后来该校搬到了波士顿，课程延长为三年后，才开始接受男性学生。另外，波士顿体操师范学校在早期也是以招收女性学生为主，仅有几名男性学生从该校毕业。而北美体操联合会师范学校在创办初期招收的学生仅限男性，到 1878 年，第一个女性学生从该校毕业。

总的来说，这一时期体育专业学校的招生条件在当时美国高等体育教育的萌芽阶段，办学机构的规模较小且学生人数不多的背景条件下，是一种较为可行的招收方式。

四、课程设置

在美国高等体育教育的萌芽时期，学校创办者或负责人以及教师大部分是医学专业出身，因此各学校教授的课程虽然有各自的教育哲学，但大多课程与医学或生物科学有关，在课程的内容设置上以解剖学、生理学、卫生学等科学课程为主。另外，体操在这一时期被认为是“达到和保持健康的科学锻炼的手段”②。因此，当时体育专业教育的运动技术课程主要是各类体操，例如刘易斯的新体操、德国体操、瑞典体操及健美操等。

具体来说，美国第一所体育专业学校刘易斯体育师范学校中的课程内容除了解剖学、生理学、卫生学和体操学的常规教学外，还对治疗脊柱弯曲、瘫痪以及其他慢性疾病的方法——“瑞典运动治疗的原则”有专

---

① Catalogue［Z］. School for Christian Workers，1886－1887.

② VAN DALEN，DEOBOLD B．ELMER D，et al．A world history of physical education：cultural，philosophical，comparative［M］. Englewood Cliffs，New Jersey：Prentice-Hall，1953.

门的阐述和介绍[①]。另外，刘易斯还邀请了几位著名的教育家来讲授教育学的哲学和方法论[②]。在体操训练方面，刘易斯博士亲自训练，在教学过程中要求学生每天训练两次，每名学生至少需要熟练掌握两百种不同的练习方式，且每名学生都有机会领导一个小班进行单独授课，这种培养模式使得该校培养出来的学生在毕业后都能成为合格称职的体操教师[③]。

北美体操联合会师范学校将德国体操引入美国，并使之成为美国体育课程的重要组成部分。在课程内容的设置理念方面，学校领导者们不仅重视体操训练，也非常重视文化知识的学习，他们认为体育训练与文化学习可以起到相互促进的作用，体育教师的文化水平应该达到其他各科教师的同等水平。因此，课程内容设置既包括体操实践的教学课程，主要在白天授课，也包括理论课程，从晚上八点开始进行教授。

该校的体操实践课程具有很强的实用性，以德国体操体系特色的体操实践练习为主。其他实践课程还包括杨氏体操、健美操、体操术语和口令、舞蹈、训练指导、教学实践、游泳、剑术和观察课等；理论课程则具有博学性，主要包括解剖学、生理学、外科学、急救、卫生学、人类学、教育学原理、体操史、解剖学和美学与体操的关系、体育教育（身体训练）的历史和文化、不同系统的理论、文明的历史、德国特纳协会的历史和成立目的、德语和英语语言与文化[④]。在理论课程方面，该校非常重视对外科学和急救等课程的教学，主要为了增强学生对人体结构的理论和实

---

① LEONARD F E. A guide to the history of physical education［M］. Philadelphia：Lea & Febiger，1923.

② HACKENSMITH C W. History of physical education［M］. New York：Harper & Row，1966.

③ LEONARD F E. A guide to the history of physical education［M］. Philadelphia：Lea & Febiger，1923.

④ BULLETIN［Z］. Normal School of the North American Gymnastic Union，1897.

践知识的了解，以便学生在运动损伤中能够进行正确的应急处理。

波士顿体操师范学校将瑞典体操体系引入美国。在课程内容设置理念方面，该校注重体育教育课程的科学性，也重视体育教育的实用性；在课程结构类型方面，也主要由理论课程（也称为科学课程）和实践课程组成。其理论课程包括人体测量学、卫生学、解剖学、急救、细胞组织学、生理学、教育学、心理学、物理、化学、体操理论、教学技巧、瑞典的体操体系介绍等；其实践课程包括体操训练、体操游戏、体操教学指导、教学实践、游泳、击剑、舞蹈等技术课程。

基督教青年会国际训练学校的课程内容设置深受学校教师古利克课程设置理念的影响。他将理论课程与体育特色相结合，如在解剖学课程上，应用相应的模型以确定跑步和跳跃运动员在不同运动中的肌肉活动方式；在心理学课程上，鼓励学生设计使人产生愉悦心情的游戏和运动，如篮球和排球运动就是由这门课程衍生而来的[①]。古利克的课程设置理念不仅提高了该校课程的专业性，也促进了这一时期整个体育领域的课程发展。具体来说，该校的理论课程包括卫生学、人体测量学、生理学、心理学、解剖学、损伤急救、体操康复治疗、动物机理、按摩、脉搏描记法、身体检查、影像学、体育文献、运动发展、身体训练史和运动技能指导、宗教课程等。实践课程包括室内体操、健美操、轻体操和重体操、高级体操、击剑、摔跤等运动技能课程，另外随着运动项目的普及，大量的运动项目被纳入了课程体系中，如加入了棒球、篮球、足球、排球、划船、草地网球、游泳和跳高跳远等课程。这些理论课程和实践课程在这一时期相得益彰，相辅相成。

萨金特健康体操馆和哈佛暑期体育学校在课程内容设置方面也体现

---

① Luther Gulick and the YMCA Training School Curriculum 1887－1903[P]. Proceedings of North American Society for Sport History，1977.

了他的办学思想，即重视体育的科学基础，强调自然科学和健康科学。这些理论课程有生理学、生物学、解剖学、卫生学、动物学、物理、化学、动物力学、身体诊断、人体测量学、统计学、心理健康、身心关系、症状学（与法国德尔萨特体操相关)、游戏、教学的科学和技巧、运动处方、急救、脊柱弯曲的治疗、不同体操体系的历史与哲学等。实践课程包括所有体育教育中流行的运动（如男性学习的拳击和摔跤、女性学习的曲棍球和网球、男性和女性都学习的田径和足球)、自由运动、重体操（德国)、轻体操、瑞典体操、击剑、军事训练、舞蹈和游戏、健美操、自由训练、哑铃练习、瓶状棒操、鞍马、吊环及步行等。

这一时期一些具有代表性的体育师范学校在这一时期的课程内容设置情况如表 2–3 所示。

表 2–3　美国高等体育教育萌芽时期部分办学机构的课程内容设置情况

学校名称	课程内容设置		
	理论课程	实践/活动课程	特色
体育师范学校	解剖学、生理学、卫生学、体操学、瑞典运动治疗原则、教育学哲学和教育学方法论	瑞典体操、“新体系”体操和教学实践	“新体系”体操
北美体操联合会师范学院	德国体操的历史和目的、解剖学、急救、体育教育系统理论、术语、教学方法	舞蹈、体操教学实践	德国体操体系
萨金特健康体操馆	解剖学、生理学、生物学、动物学、化学和物理、身心关系、运动生理学、应用解剖学、能量守恒、动物力学、身体基础的心理健康、外形与比例的人体测量学和规律、重要的统计数据、症状学（与法国德尔萨特体操相关)、身体的诊断、自然遗产、职业和学校卫生学以及饮食、睡眠、洗浴、穿衣和气候变化的影响、教学的科学和技巧以及教育运动	运动、游戏	萨金特体系
布鲁克林体育师范学院	生物科学、卫生、声音训练	体操体系	

续表

学校名称	课程内容设置		
	理论课程	实践/活动课程	特色
哈佛暑期体育学校	解剖学、生理学、卫生学、人体测量学、应用解剖学、不同体操系统的历史与哲学、急救、身体诊断、运动生理学、脊柱弯曲的治疗以及正常听力和视力的测试	健美操、自由训练、哑铃练习、瓶状棒操、木棒、鞍马和吊环、男性学习的拳击和摔跤、女性学习的曲棍球和网球、田径和足球、自由运动、重体操、轻体操、瑞典体操、击剑、军事训练、舞蹈和游戏	萨金特体系
基督教青年会国际训练学校	解剖学、运动生理学、人体测量学、运动发展、心理学（体育教育/运动）、身体训练史和运动技能指导	跳高、跳远、撑竿跳、铁饼、标枪、铅球、足球、游泳、草地网球、棒球、篮球、划船和排球	
波士顿体操师范学校	解剖学、生理学、卫生学、组织学、心理学、人体测量学和声音训练	以体操为主，包括瑞典体操、医学和教育学体操以及体操游戏	瑞典体操体系
波瑟体育学校	所提供的课程是医学性质的，包括解剖学、生理学、神经学、病理学和运动机能学。另外还包括心理学和身体表现	体操系统和策略是体育教育的主要课程，还包括击剑	瑞典体操体系
纽约体育师范学校	解剖学、化学、物理、生理学、心理学、卫生学、教学方法、体育史	体育活动	

针对体育专业学校的课程内容设置，1896 年，美国教育协会指出：体育师范学校在理论和实践计划方面做得很好，课程包括解剖学、生理学、人体测量学、医学体操和实践工作的实施。萨金特健康体操馆、安德森体操师范学校、欧柏林学院、波士顿体操师范学校等专业学校派出了大量学生，通过他们的工作，向人们展示了如何通过改善身体来建造大脑。可以看到，当时教育行业对体育专业的课程内容设置还是比较满意的。

在课程时间长度方面，教师培训学校创办初期，多采用短期课程培养计划。第一个体育教师培训课程修业时间为十周，此后每年举办两次培训课程，定期于1月2日和7月5日开课，修完课程的学生可以获得文凭①。北美体操联合会师范学校的课程修业时间最初为两个月，到密尔沃基时课程修业时间延长至六个月，再到十个月，然后是一年，到1885年开始已扩展为两年。萨金特博士的私立学校的课程修业时间为一年，到了1892年课程修业时间延长至两年。布鲁克林体育师范学校，第一门阅读和学习课程修业时间为从1886年2月1日至10月1日，体操实践训练课程于1886年2月1日开始，并于6月1日结束。第二个学期于1886年10月4日开始，并于1887年6月底结束②。纽约体育师范学校在1897年前是不到一年的课程修业时间，到1898年开始实行两年的课程修业时间③。

基督教青年会国际训练学校在创建之初，体育教育专业培训的课程修业时间为两年，到1895年课程修业时间延长为三年。哈佛暑期体育学校的第一期课程为期六周，在1890年延长为两个暑期的课程，到了1891年延长为四个暑期的课程。波士顿体操师范学校为学生提供了较为全面和科学的指导，培养学生掌握体操训练方法并使之成为身体训练的指导教师，该校的课程修业时间为两年。欧柏林学院在1892年前的修业时间为一年，从1892年到1900更改为两年。

1899 年在波士顿举办的美国体育教育促进协会上建立的九人委员会，对课程的修业时长推荐为：理论课每周为12小时，理论和体操实践

---

① LEONARD F E. A guide to the history of physical education [M]. Philadelphia: Lea & Febiger, 1923.

② VAN DALEN D B, MITCHELL E D, BENNETT B L. A world history of physical education: cultural, philosophical, comparative[M]. Englewood Cliffs, New Jersey: Prentice-Hall, 1953.

③ WACKER H M. The history of the private single-purpose institutions which prepared teachers of physical education in the United States of America from 1861 to 1958 [D]. New York: New York University, 1960.

课程每周为25小时；推荐每门科目总的具体课程小时数为物理30小时，化学60小时，解剖学90小时，生理学90小时，运动生理学90小时，动物机理45小时，个人卫生和急救45小时，解剖学、身体检查和诊断以及运动处方（理论）共90小时，体育历史和理论100小时，教育学和心理学90小时，声音训练30小时。

总的来看，这一时期的体育专业学校在修业时间上有很大的差异性。暑期课程修业时间较短，修完一两个为期六周的暑期课程便可以获得证书。体育专业学校的课程修业时间从几个月到一年不等，后来学者认为必须延长培训的时间、提高培训的质量，学生才能有资格从事中等教育教师的工作。因此，到了这一时期末，体育课程的修业时间发展为平均两年。

五、师资情况

在美国高等体育教育的萌芽时期，体育被认为是一门具有健康性质的科学，吸引了众多医生投身到了高等体育教育领域，高等体育教育的领导者及教师大多是具有医学背景和健康锻炼理念的医生[①]。

从领导者来看，一些体育专业学校的创办者或负责人及大学体育系的主任都是医学专业出身。例如，体育专业教育学校中有四所是由医生创办；在大学中，阿默斯特学院、哈佛大学、耶鲁大学和约翰霍普金斯大学的体育系系主任也是医学博士。这一时期建立的体育教育促进协会，最初参与协会的专业人员也都是医生，并拥有医学博士学位。

美国第一所体育师范学校在办学初期就聘请了Hoskins T. H.、Curtis J.、Channing W. 等哈佛大学的医学专业教师。波士顿体操师范学校聘请了著

① WACKER H M. The history of the private single-purpose institutions which prepared teachers of physical education in the United States of America from 1861 to 1958［D］. New York: New York University，1960.

名的哈佛生理学教授 Royce J.、哈佛医学院主任 Bowditch H. P.、麻省理工学院的生物学教授。这一时期的办学机构中师资的组成基本都包含了医学背景的教师，有的甚至一半的教师都具有医学博士学位。例如，布鲁克林体育师范学校在这一时期就以医学博士组成的教师为主要力量，在 1892 年至 1901 年期间，该校教师团队共有 10 人，其中 5 人为医学博士。

在教师的任职学历资格方面，这一时期的教师团队除了具有博士、硕士和学士学位的教师外，还有一些没有学位资历的教师。其中，博士学位的教师主要由医学博士和哲学博士组成，且以医学博士居多。而没有学位的教师则一般为来自体育专业学校中留校任教的毕业生或其他体育专业学校的毕业生，他们主要承担着运动技术课程或活动课程的教学工作。例如，萨金特健康体操馆于 1882 年留用了该校的毕业生；波士顿体操师范学校的 3 名体育活动教师中就有 2 名本校的毕业生；波瑟体育学校在早期的师资中，有 4 名该校的毕业生和 1 名其他体育专业学校的毕业生。他们在这一时期，均没有学位。布鲁克林体育师范学校在成立初期，有一半没有学位的教师。这种情况在 1900 年前体育专业课程尚未全面进入高等教育机构的背景下，也是情有可原的。

在教师的数量方面，这一时期办学机构的师资数量并不太多，最初学校仅有 1 名教师。例如，哈佛暑期体育学校和萨金特健康体操馆最初只有萨金特博士担任指导教师，波士顿体操师范学校第一年也只有波瑟 1 人担任教师，欧柏林学院在最开始只有 Hanna D. 一位教师，基督教青年会国际训练学校最开始也只有古利克一位教师。发展到后期，由于学生人数增多，各学校开始聘请更多的教师加入教师团队中。例如，哈佛暑期体育学校发展到 1888 年时教职员工有 4 人。萨金特健康体操馆到

1894 年发展为 8 名教师，其中 4 名男教师，4 名女教师[①]。欧柏林学院发展到 1894 年时，聘请了美国优秀的体育历史学家 Leonard 教授及其他 8 名教授和教师加入了教师团队。波士顿体操师范学院发展到 1893 年的时候就已经拥有了一个杰出的教师团队，其中有 5 名哲学博士，3 名医学博士，学校的教师数量达到了 17 人[②]。布鲁克林体育师范学校在 1886 年至 1892 年期间，教师团队共有 20 人，其中 9 人为医学博士，1 人为硕士，10 人无学士学位；在 1892 年至 1901 年期间，该校教师团队共有 10 人，其中 5 人为医学博士，5 人无学位[③]。

需要说明的是，这一时期学校的教师既有全职教师，也有兼职教师，在早期的教师名单列表中，全职和兼职教师都被列在师资队伍的名单中，并没有进行区分。兼职教师一般从办学机构周围著名高校的师资队伍中聘请，如波士顿体操师范学校有 7 名兼职教师，其中 3 名是哈佛大学的教师。

六、学生情况

这一时期，体育专业学校发挥了人才培养的功能，为推动体育教育的发展，满足体育教师的需求贡献着自己的力量。

刘易斯创办的美国第一所体育师范学校虽然在 1868 年关闭，但是它在短短的 7 年时间培养了 421 名体育教师，满足了美国各地早期对“新

① LEONARD F E. A guide to the history of physical education［M］. Philadelphia：Lea & Febiger，1923.

② WACKER H M. The history of the private single-purpose institutions which prepared teachers of physical education in the United States of America from 1861 to 1958［D］. New York：New York University，1960.

③ 同②。

体系”体操教师和中小学体育教师的需求[①]。

萨金特健康体操馆在第一年招收了 6 名学生，但最后只有 1 名学生毕业，因为其他 5 名学生在毕业前就已经找到了合适的职位。这一方面说明当时对体育教师的需求较大，另一方面也说明当时对教师的要求还不是很高。到 1883 年至 1904 年期间，萨金特健康体操馆共有 261 名女性学生完成了规定的理论和实践课程[②]。

波士顿体操师范学校在 1891 年有 12 名学生毕业，1892 年有 11 名学生毕业，1893 年有 43 名学生毕业，随后的 1894 年至 1899 年，每年基本上都有 20 名左右的学生毕业，到 1900 年前该校共培养了 193 名体育教师[③]。在该校培养的学生中，如 Mabel Lee M.、Trilling B.、Perrin E、Berenson S.、Drew L.、Jacob S. J.、Green A. 和 Coleman M. C. 等人都是美国著名的女性体育教育家或医学体操专家，她们在各类办学机构和组织（如基督教女青年会）中担任体育教师或体育部门领导者。波士顿体操师范学校通过它培养的优秀毕业生和校友在美国体育教育的实践发展中发挥着重要的影响作用。

欧柏林学院在 1886 年到 1892 年间共有 10 名女性学生完成了为期一年的体育课程；从 1892 年到 1900 年有 35 名学生完成为期两年的体育课程。基督教青年会国际训练学校在 1900 年前共培养了 84 名学生。这一时期学生规模最大的办学机构应该是哈佛暑期体育学校，该校在开办的第一期就有 56 名学生来参加培训[④]，而且学校的学生规模扩张很快，学

① LEONARD F E. A guide to the history of physical education [M]. Philadelphia：Lea & Febiger，1923.

② LEONARD F E. A guide to the history of physical education [M]. Philadelphia：Lea & Febiger，1923.

③ Course Cataloge [Z]. Boston Normal School of Gymnastics，1891－1900.

④ Course Cataloge [Z]. Boston：Harvard University，1887.

生数量稳步增长。据统计，在 1887—1898 年，哈佛暑期体育学校的入学人数达到了 982 人，其中有 329 名男性学生和 653 名女性学生[①]。

可以说在这一时期，这些体育专业学校大大促进了体育教师培训的发展和壮大。

第三节 美国高等体育教育萌芽时期的发展特点

美国高等体育教育的萌芽时期对于整个美国高等体育教育的发展历程来说具有开创性的意义。最早的体育专业教育办学机构的兴起，标志着美国高等体育教育的开端。这一时期与体育专业教育相关的课程、师资、入学要求、学生培养等都在前所未有的背景上被创建起来，体育先驱们以开拓者和创新者的努力和姿态为高等体育教育的发展打下了良好的基础。总的来说，这一时期美国高等体育教育有以下几个发展特点。

首先，办学机构以私立学校为主，尚未达到大学水平。这一时期，私立体育师范学校开始兴起，体育专业教育初现雏形。整个高等体育教育萌芽时期的办学机构主要分为私立体育专业学校、私立组织创办的学校、私立暑期体育学校及公立师范学校四大类型。在这些学校中，在数量上绝大多数学校都是私人创办的学校，在质量上办学效果较好的也是私立体育学校。因此，这一时期办学机构是以私立学校为主的。虽然还

---

① LEONARD F E. A guide to the history of physical education［M］. Philadelphia：Lea & Febiger，1923.

有一些高等教育机构也开始在这一时期提供了体育教育专业的课程，但它们对自身在体育教育中的作用和角色还不确定，而且在体育教育方面的办学质量并不比私立体育学校好。

其次，课程类型结构简单，欧洲体操体系丰富多元。在课程类型结构上，这一时期的课程主要分为理论课程和活动课程，还没有专业课程及通识课程等类型。课程结构呈现出简单化的状态。在理论课程方面，因为生物科学的课程均由医学人员教授，主要理论课程都由生物学科和医学学科组成。理论课程在科学发展方面既有优势也有不足，一方面，科学类的课程如人体测量学使用测力计测量力量和测试运动项目，对体育教育的发展产生了影响；另一方面，很多大学教授认为体育学科不是一门科学的学科，科学方法还没有被应用到体育教育研究上，办学机构也不太重视教学的技术手段，专业课效果不太好。在活动课程方面，受欧洲体操的影响，注重正式体操系统的练习。这些正式体操活动内容由不同的体操体系组成，从德国体操体系、瑞典体操体系、法国体操体系到美国本土的萨金特体系和希区柯克体系，各种体操体系争相斗艳，百花齐放，呈现出丰富多元的特点。

最后，师生数量规模小，体育先驱者大多有医学背景。这一时期办学机构的教师由全职和兼职组成，从最初的一名教师，发展到十多名教师，最多不超过二十名教师。每年培养的学生从几人到几十人不等，培训机构在这一时期培养的学生最多的也不超过一千人。因此，从办学规模上来看，各个学校的师资和学生规模都还较小。虽然师资中包含持有博士、硕士和学士学位的教师，但体育活动课程的教师们在这一时期大部分都还没有学士学位，这与体育专业教育刚刚起步有关，因为体育专业课程尚未在大学中普遍开展，还未开始授予学士学位。在整个教师培训领域，这一时期教师的地位还不是很高。另外，值得注意的是，这一时期众多卓越的体育教育先驱者们为体育专业教育的发展做出了开创性的贡献，如 Sargent D. A.、Anderson W. G.、Posse N.、Homans A. M.、Savage W. 等人，他们大多是医学专业背景出身，将体育专业教学的知识内容与生物医学知识紧密联系，为体育专业的科学发展和研究奠定了基础。

简言之，美国高等体育教育的萌芽阶段是美国高等体育教育的奠基时期，也是一段受欧洲体育系统深刻影响，在模仿欧洲的过程中不断探索的初期历程。这一时期的体育专业教育为体育专业人才的培养指明了道路，为下一时期的进一步发展积累了经验。

第三章

美国高等体育教育大学化体系形成时期

1900—1929 年为美国高等体育教育大学化体系形成时期，这段时期美国体育专业教育逐渐进入高等教育机构。虽然在 19 世纪末期，已有少数大学开设了体育教育课程，但是这些学校在萌芽时期还未完全发挥作用，在办学质量上并不比私立的体育师范学校好。直到 1900 年前后，第一个体育教育的学士学位才被授予。因此，本书将 1900 年确定授予了体育专业学士学位的时间作为美国高等体育教育大学化体系形成时期的起始点，这标志着体育专业教育正式进入高等教育层次。

第一节　美国高等体育教育大学化体系形成时期的历史背景

一、工业化和城市化发展

进入 20 世纪后，美国的社会经济发生了巨大的变化，美国从农业国家转变为以工业为主，工业和农业共同发展的国家，人民的生活水平逐渐提高，美国社会逐渐现代化。受工业化影响，美国的通信业和交通业等快速发展，将整个美国地区的各行各业有效地串联在一起，既促进了娱乐和体育的发展，也开辟了工业和企业之间新的发展领域，增加了城市对劳动力的需求，吸引美国人口从农村向城市迁移，城市人口显著增加[①]。

工业化和城市化发展对健康也产生了一定的影响。一方面，工业化发展带来的技术进步，减少了手工劳动的机会，使美国人日常的大肌肉群活动的机会减少，对健康产生了不利影响；另一方面，城市人口增加，让数百万人体验到了之前只有富人才能享受的休闲活动，改变了整个国家的生活习惯[①]，同时也带来城市化的一系列问题，如拥挤的城市生活条件给儿童和青少年的成长环境和健康带来了各种负面的影响[①]。

二、教育的普及和发展

经济的发展促进了教育的发展和进步，早期以小学为目标的免费公共教育到这一时期扩展到了中学阶段，高中数量从 1895 年的 35 万所，发展到 20 世纪时数量翻了一番，到了 1915 年时已经达到了 130 万所[②]。美国高中数量的增多和教育的普及，对教师的需求也越来越大。与此同时，经济条件的改善也让更多家庭能承受学费和生活费的负担，这使得孩子们有机会进入大学接受高等教育。

另外，进入 20 世纪之后，美国的领土和边界也逐渐封锁起来，这一举措促进了成千上万的移民大量涌入这个国家，从而导致了美国面临着不同种族和人群之间的文化、风俗习惯及宗教信仰等差异问题，教育、

① WESTON A. The making of American physical education［M］. New York：Appleton-Century-Crofts，1962.

② 同①。

体育则在帮助美国不同种族和人群适应这种新的文化差异所带来的问题中发挥着重要的作用。

三、第一次世界大战

1914 年爆发了第一次世界大战，随后美国于 1917 年选择加入这场战争，这一举动对整个美国的体育教育领域有着重要的影响。首先，美国国会于 1916 年通过了《国防法案》，该法案要求将军事训练加入教育体系中，在中小学和大学等办学机构建立军事训练体系。据统计，这一时期至少有 80 多所办学机构提供军事训练指导。此后，1920 年的修正案也强调了为学生提供系统的军事训练，以促使学生有足够的身体条件能被选拔成为美国军队的预备役军官。在军事训练体系的冲击下，体育教育在第一次世界大战后的重要任务之一就是防止体育教育在美国中小学和大学中被军事训练代替[①]。其次，美国在 1917 年的《选择性服务法案》中要求 18～25 岁的所有男性都要服役，从选择性服役体检中收集的健康统计数据引起了公众对国民健康的极大兴趣，健康统计数据的分析表明，33% 的年轻男性因为身体素质不符合要求而未能服役[②]。美国大众认为，应该将日常的体育锻炼和身体训练纳入学校的课程，增强美国青少年的身体素质，这样他们才有能力在未来的战争中保卫国家。

四、体育教育立法

1901 年宾夕法尼亚州通过了要求学校开设体育教育课程的州法，随

① WESTON A．The making of American physical education［M］．New York：Appleton-Century-Crofts，1962．

② WUEST D A，BUCHER C A．Foundations of physical education and Sport［M］．Dubuque：William C Brown Pub，1999．

后 1911 年密歇根州、1913 年爱达荷州也采取了州立法的行动[①]。美国教育部于 1918 年的调查发现，中小学儿童的身体素质大大低于平均水平，从而引起了越来越多的州通过立法来确保学校开设体育教育课程。从 1919 年到 1921 年，有 17 个州颁布了体育教育州法，到 1927 年时有 33 个州颁布了公立学校体育教育必修的州法，发展到 1930 年时颁布体育教育州法的州总数达到了 39 个[①]。州法的颁布引起了对学校体育教师需求的大量增加，体育教师出现了供不应求的现象。因此，各个办学机构顺势而为，纷纷设立起了体育教育专业，从而也导致了体育教师培训项目的增加。

五、“新体育”的出现

这一时期在进步主义思想的影响下，“新体育”出现了。进步主义思想的领导人之一约翰·杜威认为希腊教育制度之所以能如此成功，主要原因是希腊人在教育过程中从未试图将身心分离开来，他提出了将身心结合的“全面儿童”（whole child）的理念，他相信，孩子们如果对某项活动感兴趣，就会更加投入，从而取得更大的成就[②]。在杜威思想的影响下，伍德提出了“自然体操”（natural gymnastics），即要脱离正规体操和体育训练，采用运动、游戏和舞蹈取代旧的体操和体育训练[③]，伍德的思想受到了 Gulick L. H.、Cassidy R.、Hetherington C. W.、Williams J. 和 Nash J. B. 等人的支持，后来“自然体操”发展成为“新体育”（new physical

---

① LEE M．A history of physical education and sports in the USA［M］．New York：Wiley，1983．

② FREEMAN W H．Physical education and sport in a changing society［M］．New York：MacMillian Publishing Company，1992．

③ WESTON A．The making of American physical education［M］．New York：Appleton-Century-Crofts，1962．

education）[①]。

“新体育”的兴起一方面反映了美国人摆脱了欧洲人的思想，发展出了具有美国特色的哲学思想及这个国家体现出来的民族主义自豪感，它不仅改变了体育课程内容，而且改变了体育领域的目标；另一方面，“新体育”从逻辑上要求改变管理者，体育教育领域中新的领导者不再是医生，而是具有体育运动背景的体育教师[②]。

第二节　美国高等体育教育大学化体系形成时期的概况

一、办学机构

这一时期，体育专业教育进入了大学化体系形成时期，越来越多的大学开始提供体育教师培训课程。萌芽时期的四种办学机构类型也继续发挥着其体育专业教育人才培养的作用，但是其中一些体育专业学校在这一时期逐渐被关闭、合并或隶属于四年制的大学或学院，大学或学院在这一时期成为主要的体育专业教育人才培养机构。

在美国高等体育教育大学化体系形成时期，体育专业教育办学机构主要分为五种类型：私立或公立的大学及学院、私立体育专业学校、私立组织创办的学校、私立暑期体育学校、公立师范学校或教师学院。

① WOOD T D，Cassidy R F．The new physical education［M］．New York：Macmillan，1927.

② PAUL J. Centuries of change：movement’s many faces［J］. Quest，1996，48（4）：531－545.

（一）私立或公立的大学及学院

大学及学院开设的体育院系或体育专业在这一时期快速发展，主要体现在办学数量的增加和办学层次的提升。

首先，在学校数量上，从 19 世纪末开始，哈佛大学、欧柏林学院、斯坦福大学、加利福尼亚大学和内布拉斯加大学等 5 所大学就开始提供本科学位课程。到 1914 年，有 24 所高等教育机构为体育教育提供专业人才培养，并授予毕业生学士学位。随后其他大学也开始设置体育院系或专业，尤其是第一次世界大战后在州立法的推动下，加之美国高中数量的增多和学校体育教育的发展，各类教学机构、俱乐部和组织协会都需要受过专业训练的教师，大学和学院开始注意到各领域对训练有素的教师的巨大需求，纷纷将体育教师培训纳入其课程计划中，并在学生完成体育专业的课程后授予学士学位[①]。据统计，仅在 1920—1925 年，就有大约 75 所院校开设了三年或四年的体育教育学位课程[②]。随着这一领域范围的不断扩大，到 1929 年已经发展为有 139 所大学加入体育教师培训的行列并提供体育专业教育[③]。进入大学的一些体育教育专业主要隶属于艺术和科学学院、文理学院、教师学院和教育学院，其中以教师学院和教育学院居多。

在这一时期，最著名的 3 所高等体育专业教育办学机构有欧柏林学院、哥伦比亚大学教师学院和卫斯理学院。后期很多著名的体育教育领

---

① ZEIGLER E F. American sport and physical education history（to 1975）：an anthology［M］. Bloomington：Trafford Publishing，2009.

② ZEIGLER E F. A history of professional preparation for physical education in the United States［D］. New Haven：Yale University，1950.

③ ROCKER J L. Major themes of undergraduate professional preparation in physical education from 1860 to 1962［D］. Los Angeles：University of Southern California，1971.

域领导者都是这 3 所大学的毕业生[①]。

其次，在办学层次上，体育专业教育实现了飞跃性的提升，硕士和博士层次的专业人才培养在这一时期相应开展起来。

最早授予体育教育专业硕士学位的办学机构是哥伦比亚大学教师学院，该校于 1901 年开始授予体育教育专业硕士学位；随后，1904 年欧柏林学院授予了体育教育硕士学位[②]；1917 年卫斯理学院也达到了研究生的办学层次，且成为第一个只对获得了体育教育专业本科学位的学生开放研究生体育教育课程的学校；这一时期还有美国体操联合会师范学校（前身为北美体操联合会师范学校）、南加州大学和俄勒冈大学等办学机构提升到了研究生的办学层次。

除了硕士学位外，纽约大学教育学院和哥伦比亚大学教师学院在 1924 年首次授予了体育教育专业的博士学位。1925 年 5 月哥伦比亚大学授予了体育专业的学术型博士学位（Ph.D），1925 年 8 月纳什维尔基督教青年会研究生院授予了体育教育博士学位（D.P.E），1926 年 5 月哥伦比亚大学给女性授予了体育领域的学术型博士学位。随后，匹兹堡大学和斯坦福大学成为首先提供体育教育专业型博士学位（Ed.D）的机构。到 1933 年，约有 31 所院校开办体育专业的研究生课程[③]。

（二）私立体育专业学校

对于私立体育专业学校来说，在 1914 年前公立大学还没有完全发挥出它们的作用时，很多体育教师都毕业于私立体育专业学校，私立体育专业学校为这一时期的人才培养做出了巨大的贡献。

---

① SNYDER R A，SCOTT H A. Professional preparation in health，physical education，and recreation [M]. New York：McGraw-Hill Book Company，1954.

② CLARKE H H. The extent of graduate study：in physical education in the United States [J]. The Journal of Health and Physical Education，1934，5（4）：33.

③ 同②。

另外，在这一时期一些新的学校加入了办学机构的队伍中，从 1900 年的 9 所私立体育专业学校，发展到了 1927 年的 19 所私立体育师范学校。1900—1930 年期间新加入的办学机构详细信息如表 3-1 所示。

表 3-1 1900—1930 年期间新建立的私立体育专业学校

学校初创时的中文名称	学校初创时的英文名称	创建时间/年	学校地点	备注
芝加哥体育与表现师范学校	Chicago Normal School of Physical Education and Expression	1903	芝加哥	1911 年更名为芝加哥体育师范学校
体育文化学校	Physical Culture School	1904	纽约	1913 年更名为美国体育学院
体育师范学校	The Normal School of Physical Education	1909	巴特尔克里克	1923 年更名为巴特尔克里克学院
波士顿体育学校	Boston School of Physical Education	1913	波士顿	布夫一波士顿体育学校
哥伦比亚体育师范学校	Columbia Normal School of Physical Education	1913	芝加哥	
纽瓦克体育与卫生师范学校	Newark Normal School of Physical Education and Hygiene	1917	纽瓦克	
中央卫生与体育学校	Central School of Hygiene and Physical Education	1919	纽约	
马乔里韦伯斯表现与体育学校	Marjorie Webster School of Expression and Physical Education	1920	华盛顿	
伊萨卡体育学院	Ithaca School of Physical Education	1923	伊萨卡	

其中，体育文化学校、马乔里韦伯斯表现与体育学校、伊萨卡体育学院可以授予体育教育的技术型学士学位；密歇根州的巴特尔克里克学院体育系可以授予体育教育的理学硕士学位。

萌芽时期的私立体育专业学校在这一时期主要发生了两方面的变化。一方面是学校名称进行了更改。例如，波瑟体育学校和纽约体育师范学校等在这一时期作为独立的体育师范学校继续发展，但学校在名称上有所变化。波瑟体育学校于 1911 年更名为波瑟体操师范学校（The Posse Normal School of Gymnastics），于 1924 年更名为波瑟—尼森体育学校（The Posse-Nissen School of Physical Education）；纽约体育师范学校于 1914 年更名为萨维奇体育学校（Savage School for Physical Education）。安德森体操师范学校于 1901 年更名为纽黑文体操师范学校（New Haven Normal School of Gymnastics），1921 年更名为阿诺德学院（Arnold College），随后两年制的师范课程被三年制的体育课程所取代，成立的阿诺德卫生与体育学院（Arnold College of Hygiene and Physical Education）可以授予体育教育专业的技术型学士学位，发展到 1929 年时，根据康涅狄格州立法机关的特别法案，该学院获得了一项特许状，可以开设四年制的理学学士学位课程。这一时期该校从更名到升级完成了一系列的改进措施。

另一方面是部分学校合并或正在合并进入高等教育办学机构中。波士顿体操师范学校是这些私立学校中第一个寻求隶属于大学的学校，有学者称该校的合并举措是这个时期最有远见的创新行动。波士顿体操师范学校的创始人海明威夫人 1894 年去世，虽然其在遗嘱中承诺还继续向学校捐助十五年，但未来的财政来源依然是学校面临的一个重要问题，于是该校的校长霍曼斯小姐积极寻求其他的财政支持方式，同时也期望使学校成为高等教育机构的一部分，最终她选择了卫斯理学院。于是在 1909 年，波士顿体操师范学校并入了卫斯理学院，成为卫斯理学院的卫生和体育教育系。该系的学生可以选择学习五年后获得卫斯理学院的体操专业学位，也可以选择学习三年后获得波士顿体操师范学校的学位。1917 年，在霍曼斯小姐的努力下，这个系成为全美国第一批为已获体育教育学士学位的学生提供研究生课程的系，这些学生再经过两年的学习可以获得硕士学位。萨金特健康体操馆也于 1929 年结束了其私立非大学化的办学状态，与波士顿大学合并，成为波士顿大学萨金特体育学院（Sargent College of Physical Education）。

（三）私立组织创办的学校

在组织创建的学校中，北美体操联合会师范学校于 1907 年更名为美国体操联合会师范学校（Normal school of the American Gymnastic Union），并迁移到印第安纳波利斯市发展办学。1907 年，印第安纳州授权它在四年制课程结束时授予学位。1910 年，美国体操联合会师范学校获得了 A 级认证，这意味着该校的毕业生们可以免除考试，就能在公立学校中任教。1923 年，其课程延长到了三年。1932 年，其课程延长至四年，并成为印第安纳大学的附属机构，根据印第安纳州的法律，该学院可以为完成四年课程的学生授予体操科学学士学位，另外学生如果再额外完成一年的学习和一篇论文，则可以被授予硕士学位。美国体操联合会师范学校是最早将体育教育推广进入学校的机构，为成千上万的儿童和成年人提供了综合的体操项目。它还发展了多种可行的设备技术和评级方式，在当时备受欢迎。有人评价特纳协会组织时说它在希腊创立，在德国成为权威组织，在美国成名于体育活动。作为一所组织创办的学校，它在体育活动和社会政治行为相互关系的协调中起到了良好的模范作用，对早期的体育教育产生了深远的影响①。

另一所组织创办的基督教青年国际训练学校于 1912 年更名为国际基督教青年会学院（the International Young Men’s Christian Association

---

① GERBER E W. Innovators and institutions in physical education［M］. Philadelphia：Lea & Febiger，1971.

College)。该校于 1905 年获得了州议会的许可，可以授予体育教育学士学位和硕士学位。这一重要的授权使得该校获得了专业地位，也成为该校和体育历史上的一个重要的里程碑事件。发展到 1916 年时，该校将体育教育课程从三年延长至四年以提高学生的培养质量。这一时期，芝加哥基督教青年协会培训学校于 1913 年也达到大学水平，成为乔治威廉姆斯学院（George Williams College）。

（四）私立暑期体育学校

在暑期体育学校方面，这一时期初有 16 所暑期体育学校继续办学，到 1920 年夏季，暑期体育学校的数量和规模显著增加。

其中最著名的暑期体育学校——哈佛暑期体育学校的早期领导地位也一直保持到 1920 年左右。据统计，这个时期的体育专业毕业生中有 1/3 的学生都跟随萨金特博士学习过，且主要是在其创办的暑期体育学校中学习的，但这所学校最终还是于 1932 年被关闭。关闭该校的原因并不是质量问题或哈佛权威人士的反对，而是有其他多方面的原因[①]。

其一，该校的创始人也是灵魂人物萨金特博士于 1924 年去世，这对该校有重大的影响。其二，该校遇到了来自其他学院和大学暑期体育学校的竞争。其三，州立法要求至少有学士学位才能获得教师证书，许多未来的体育教师更倾向于参加通过四年全日制来获得学士学位的专业项目，而不能颁发学位证书的暑期体育学校则显得毫无竞争力。其四，该校也是哈佛大学“攻读硕士学位需要两倍课程”新规则的牺牲品，一个学生需要学完八个暑假的课程才能获得体育教育的教育学位，且研究生学习毫无希望，因此该校本科层次的发展路径被四年制的学院抢占了先机，别无选择就只能关闭了。

---

① SCHWENDENER N. A history of physical education in the United States[M]. New York: A. S. Barnes and Company，1942.

有人对哈佛暑期体育学校的贡献进行评价时说到，当我们试图衡量这所学校对美国体育发展的影响程度时，最重要的是要记住它存在的特定历史时期，而不是它存在的时间长度；要记住它培养学生的地理分布的广泛性，而不是每年注册学生的数量；要记住它培养出的学生的质量，而不是它培养出的学生的占比。

1932 年哈佛暑期体育学校的关闭，结束了暑期体育学校在美国体育专业发展历程中的重要篇章，到此时，所有的暑期体育学校都已停办。可以说，这一时期既是暑期体育学校达到顶峰的时期，也是其消亡的时期。在这短短几十年的历程中，暑期体育学校发挥了它们独特的历史性作用，为体育专业的进步做出了巨大的贡献。虽然它们没有在体育专业教育的历史长河中一直走到最后，但在整个发展历程中，它们不应该也不会被忽视。

（五）公立师范学校或教师学院

在公立师范学校方面，汉娜于 1903 年对公立师范学校做了一项调查[①]，发现在被调查的 91 所师范学校中，共有 51 所学校提供体育教师培训课程。随后，在州立法的推动作用下，越来越多的师范学校也开始提供体育专业教育，如 1910 年加利福尼亚、俄勒冈和华盛顿等州及 1911 年威斯康星、1914 年密苏里和犹他、1918 年艾奥瓦等州的师范学校均开设了体育专业教育，尤其是 1914—1920 年，州师范学校培养体育教师的办学机构的数量极大增加。

但是 1920 年后，由于普通两年的师范课程已经不能满足需求，加之对教师质量提升的呼声不断增强，很多师范学校都被升格为教师学院，提供四年制课程并可以授予大学学位。在 20 世纪 20—30 年代期间的十

① HANNA D．Present status of physical training in normal schools［J］．American Physical Education Review，1903，8（4）：293－297．

多年间，师范学校的数量不断下降，从230所下降到了82所；而教师学院的办学数量不断上升，从46所上升到了173所。到了20世纪30年代中期，很多师范学校都已经更名为教师学院。

总的来说，公立师范学校或教师学院培养的体育专业人才极大地满足了这一时期对增长体育教师的需求。

二、培养目标

在这一时期，体育教育专业为大学、中小学或组织机构等培养教师和教练员的目标逐渐清晰和明确。体育领域的培养目标随着体育教育的发展而进步，范畴也不断扩大。本书列举了这一时期7所表性学校在1910、1920、1930年的培养目标，如表3–2所示。

表3–2　美国高等体育教育大学化时期7所代表性学校的培养目标

学校名称	1910年的培养目标	1920年的培养目标	1930年的培养目标
美国体操联合会师范学校	为体操协会、公立学校和高等教育办学机构等学校培养体育教师	不变	不变
欧柏林学院	为教师学院、师范学校、青年基督教协会和公立学校培养体育教师和主管	不变	不变
国际基督教青年会学院	培养基督教青年在青年基督教协会、学校、学院和类似办学机构中的体育教育中担任体育主管	同1910年的培养目标。另增加了培养操场运动相关的体育主管	不变
卫斯理学院	专门培养体育教育和卫生的教师	不变	不变
密歇根州立师范学院	为密歇根州的公立学校培养体育教师	不变	培养可以为所有类型的公立学校服务，担任行政和管理职务，可以承担高中、小学体育教学的人才
哥伦比亚大学教师学院	为中小学、幼儿园的体育教师提供理论和实践方面的专业培养	提供与体育教育直接相关的教育和技术指导	培养体育教育等技术领域的教师和工作人员
威斯康星大学麦迪逊分校	培养在教育机构、俱乐部、操场、市政娱乐系统服务的体育教师和娱乐主管	培养体育教师和娱乐领导者	不变

可以看到，19 世纪的正式体操转变为这一时期的运动、游戏和舞蹈项目后，体育教育领域的培养目标也相应地发生了改变。例如，国际基督教青年会学院在 1900—1901 学年度的目标是为准备担任青年基督教协会或大学体育主管的人提供师范类的基督教体育教育。1910 年，国际基督教青年会学院的目标是培养基督教青年在青年基督教协会、学校、学院和类似办学机构中的体育教育中担任体育主管。随着“新体育”的出现和操场运动的兴起，对娱乐休闲教师和主管的需求也开始增加。到了 1920 年，国际基督教青年会学院在培养目标中就增加了对游乐场或操场运动的体育主管的培养。其他学校在体育领域的目标也变得更加具体，威斯康星大学的目标就是培养体育教师和娱乐主管。

除此之外，师范类的学校在培养目标的范畴上也有所扩大。如 1910 年密歇根州立师范学院的目标是为密歇根州的公立学校培养体育教师；哥伦比亚大学教师学院的目标是为中小学、幼儿园的体育教师提供理论和实践方面的专业培养，主要是针对教师的培养。但是到了这一时期末，密歇根州立师范学院的目标变为培养可以为所有类型的公立学校服务，担任行政和管理职务，可以承担高中、小学体育教学的人才；哥伦比亚大学教师学院的目标变为培养体育教育等技术领域的教师和工作人员。可以看出，这两所学校不仅培养教师，还增加了对体育专业领域其他人员的培养。

对于其他学院来说，虽然有的学校保持目标一致不变，例如，美国体操联合会师范学校、（波士顿大学）萨金特体育学院、欧柏林学院、纽黑文体操师范学校和波士顿体操师范学校，它们的首要目标还是培养学生成为体育教师，但随着教育思想的发展，有些学校在培养目标上进行了微小的修改，例如，波瑟体育学校于 1908 年将其目标改为通过教授所有的体操系统来促进体操的自由精神，又于 1927 年将其目标改为培养学生能够胜任体育教师和领导者的工作。萨维奇的纽约体育师范学校在1911年将其目标修改为使学生有资格担任教师，并能成功地担任这些职位。一些在这一时期新建立的体育专业学校，如巴特尔克里克学院，其初衷是培训在教育领域发展的男性和女性，在1916年修订目标时，该校明确提出了帮助学生获得“体育各方面全面科学训练”的目标；其另一个具有特点的目标还包括“促进学生对生物和生命原理的热爱”。纽瓦克体育与卫生师范学校在1917年创建的初衷是培养学生掌握体育教育方面的理论和实践知识，并且培养学生可以担任体育教师及体育管理人员，1932年其目标调整为培养在教育和社会机构中任职的健康和体育教师①。

总的来说，随着时间的推移，虽然办学机构在这一时期的培养目标仍然是以培养体育师资为主，但体育教育培养目标在改进方面不断取得进展。

三、入学要求

这一时期，培训学校数量增加及入学人数增加，体育专业教育办学机构的入学要求较前一时期有了比较大的变化，入学要求的标准有所提高，招生的范围也相应扩大了。

在1901年，就有九人委员会针对体育教育专业的入学要求提出了一些建议，其中包括：体育师范学校的入学条件为高中或同等学力；拟录取的学生应专门修过物理、化学、数学和生物（植物学和动物学）等预科课程；必须具备良好的身体素质和体力；最好有过体操训练的经历；必须至少有两个人对申请者的品德和身体健康表示满意认可，这两个人

① WACKER H M. The history of the private single-purpose institutions which prepared teachers of physical education in the United States of America from 1861 to 1958［D］. New York: New York University，1960.

最好是其高中的最后一位教师或牧师或对其业务较为熟悉的人；须年满十八岁；体操师范学校招收的所有学生都需要经过试用。

到了 1910 年，大部分学校都要求申请者必须是一所获批准的高中的毕业生，或者能够在入学考试中取得令人满意的成绩者[①]。例如，在 1900 年后建立的私立体育学校——肯德尔体育学院、美国体育学院、巴特尔克里克学院及纽瓦克体育与卫生师范学校等最初的招生要求都是高中毕业生。欧柏林学院体育教育课程的招生标准与普通大学的招生标准一样，要有经批准的学校的毕业证书，如果学校不在被批准的名单内，则需要通过入学考试。

美国体操联合会师范学校的招生要求为完成认可的四年制高中学校的课程，或者通过同等水平高中科目的入学考试，包括学习了至少三年的高中英语。同时，它在招生要求中取消了部分非必需的条件，如需要具有北美体操联合会一年的会员资格和保证至少三年的体操教学的要求。

波士顿体操师范学校加入卫斯理学院后，招收的学生被要求提供高中毕业证书或被要求参加卫斯理学院的入学考试、身体健康、无器质性疾病和多种功能性紊乱疾病，并且有良好的节奏感。国际基督教青年会学院由于学校的起源，一直坚持它的宗教从属关系，招收的学生需要是青年基督教协会的成员[②]。

威斯康星大学在 1911 年设立了体育教育学士学位项目，在入学要求中提到了要求身体健康、有活力、有较强的领导力和高强度运动的适应力[③]。

① ZEIGLER E F. American sport and physical education history（to 1975）: an anthology［M］. Bloomington：Trafford Publishing，2009.

② Catalog［Z］. International Young Men's Christian Association College，1920－1921.

③ Catalogue［Z］. University of Wisconsin，1911－1912.

另外，招收的学生要么提供高中课程的考试证明，要么是从其他可接受的高等教育机构转过来的。

虽然有一些入学标准初见雏形，但在20世纪20年代之前，招生选拔程序的实施并不是很严格，挑选学生的方法也表明程序或结果缺乏一致性。

到了1920年之后，美国体操联合会师范学校的入学标准要求学生品行良好，提供四年制高中的毕业证书或通过批准高中科目的同等入学考试，其中增加了对高中科目的要求，除了英语科目外，还要求学生修完高中的物理和化学课程，最好修过代数、几何和现代史①。威斯康星大学麦迪逊分校的入学要求将高中科目的学分数量增加到了15学分，也提出了对某些具体科目的要求，如一种语言需要3个学分，两种语言各需要2个学分，此外，校长的推荐也成为必要条件②。卫斯理学院和哥伦比亚大学教师学院在入学要求中明确规定需要高中校长的声明报告。

可以看出，大学化体系形成时期体育专业招收学生的主要依据是高中课程的学业成绩，如从一所认可的中学毕业。大多数学校要求学生进行入学考试，或提供良好的性格和健康状况证明。其他的要求作为补充条件，帮助发现未来合格的体育教师所必备的基本素质，诸如令人愉悦的声音、体操或运动技术基础、良好的运动能力、对体育感兴趣等。另外也有学校要求学生入学前需要与系负责人进行面试，有些学校在大三开始专业学习时，只招收大学二年级成绩排名位于前1/3的学生。应该说这些条件都是未来体育教师进行成功教学所必需的素质。不过，从这些入学要求中也可以看出，这一时期的入学要求对体育专业学生的学

---

① Catalog [Z]. Normal College of the American Gymnastic Union，1920–1921.

② Catalogue [Z]. University of Wisconsin，1920–1921.

术标准的要求并不太高。

四、专业设置

这一时期，由于体育领域范围不断扩大，竞技体育运动的教练和健康服务等内容也被涵盖进来。体育领域需要帮助完成对合格的体育教育者、运动教练和健康服务主管的培训需求。虽然当时各学校还是以体育教育专业为主，根据需求在体育教育专业设置了不同领域的课程，或侧重点不同的课程，但一些在这一时期较为受欢迎和极具有特色的课程，如运动教练、舞蹈和休闲娱乐等课程，也逐渐发展为新的专业，这些专业都同属于体育教育领域。

关于运动教练专业，由于中小学对教师教练的需求增加，1914 年伊利诺伊大学开设了为期四年的运动教练专业，该专业被设置在教育学院内，学生修完课程可以获得学士学位。伊利诺伊大学是高校中第一个提供教练员培训课程的学校，也是教练员认可和认证计划的先驱者[①]。1915 年哥伦比亚大学体育教育系增加了对划船、篮球、橄榄球、足球、田径、手球、游泳、棒球和拳击等运动项目人才的培养。为了满足公立学校对教师教练需求的增长，1916 年哈佛大学提供了为期六周的橄榄球和田径运动的教练课程。随后内布拉斯加大学、华盛顿大学等学校也纷纷开设了四年制的教练员培训专业，学生修完课程可以获得学士学位[①]。1925 年威斯康星大学为了满足对各种运动项目负责人的需求，也开设了运动教练专业。该校在教育学院为男性学生开设了独立且具有特色的运动教练专门化课程，学生修完后可以获得体育教育理学学士。因为运动教练专业在当时非常流行，以至于威斯康星大学在 1930 年直接将男子体育教育

---

① HACKENSMITH C W. History of physical education［M］. New York：Harper & Row，1966.

系改为体育教育和运动教练专业。但有学者认为将教练员和体育教师两种角色连在一起，从长远的角度来看，这对体育教育的专业形象和体育教师都有负面的影响[①]。有些人认为一个人不可能同时既是体育教练又是体育教育家，大多数人似乎更倾向于宣扬更广泛的体育教育训练的概念。

关于舞蹈专业，舞蹈是早期女子体育教育专业课程中的一部分。当时民间舞蹈、广场舞和交谊舞对于中小学体育课程来说比较适宜，具有一定的活动价值，于是体育教育专业的领导者们开始重视其在体育教育中发挥的作用。纽黑文体操师范学校于1900年开始便在课程中增加了舞蹈。20世纪20年代，以柔韧为基础并由女性发展普及的丹麦体操运动逐渐获得重视。由 Colby G. 和 Larson B. 发展而来的自然舞蹈和 Burchenal E. 的民间舞蹈正迅速成为体育教育不可分割的一部分。1926年，Margaret 在威斯康星大学开设了第一个舞蹈专业，这进一步证明了舞蹈在教育方面的重要意义。

关于休闲娱乐专业，随着体育教育相关课程逐渐增多，发展形势日趋复杂，体育教育功能专业化的趋势越来越明显，各相关专业课程，如休闲娱乐、健康和体育教育等各分科也进一步分离。运动和游戏在体育教育专业中快速发展，甚至有替代正规体操统治地位的趋势。1908 年，Hetherington 认为休闲娱乐课程对不同专业领域的教师培养都有益，因此他建议师范学校应该包括休闲娱乐类的课程。在这个时期明尼苏达大学开始设立了休闲娱乐专业领导者的培训课程，这门课程可以获得休闲娱乐专业的理学学士学位，华盛顿大学也设置了休闲娱乐专业[②]。在体育教

① NEWMAN R E，MILLER M T. Historical overview of physical education teacher education curricula in american higher education［EB/OL］.（1990－12－19）［2019－03－09］. https://eric.ed.gov/?id=ED381521.

② HACKENSMITH C W. History of physical education［M］. New York：Harper & Row，1966.

育先驱者古利克博士和 Lee J. 等人的帮助下，休闲娱乐活动逐渐获得了专业的地位[①]。休闲娱乐专业的设置一方面满足了美国人群对休闲娱乐的需求，另一方面也为学生在教育领域之外提供工作的机会开发出了一条道路。

在这一时期第一次世界大战对体育教育领域产生了巨大影响，迫使各州颁布了大量的健康和体育教育的法律，学校的健康教育和体育教育交织在一起，变得相当复杂。Wood T. D. 博士认为健康教育是人类构建未来的基石，健康教育专业便被逐渐引入这个领域，越来越多的医生和护士被招聘进入学校[①]。此外，野营、户外教育、安全教育及公园管理等专业课程也逐渐被增加到了这个领域中。

这一时期，为了提高专业人才培养的经验，也为了帮助建立相对独立的专业发展方向，一系列国家会议进一步帮助有关的专业领导人集中注意各个领域的发展目标[②]。

五、课程设置

20 世纪，在杜威等人的影响下，学校改变了课程的内容和教学方式，向着社会化的方向发展。体育教育工作者也开始思考体育教育领域在学校课程中的定位，课程的主题内容扩大，开始呈现出更广泛的面貌。

在实践课程方面，因为这一时期校际的各项运动比赛项目逐渐流行起来，受到了学生们的普遍欢迎，因此，在体育课程中，除了继续保持德国或瑞典体操等正式体操系统的训练外，还纳入了众多的运动项目。例如，1902 年波士顿体操师范学校在课程上增加了田径、网球、篮球、

---

① WESTON A. The making of American physical education［M］. New York：Appleton-Century-Crofts，1962.

② ZEIGLER E F. American sport and physical education history（to 1975）：an anthology［M］. Bloomington：Trafford Publishing，2009.

皮划艇和曲棍球，并在这些运动项目的教学和裁判方面给予了教学指导。1911 年威斯康星大学体育教育专业除了健美操、器械运动和矫正性运动等活动外，还纳入了 14 种不同的运动项目。哥伦比亚大学于 1915 年也增加了体育运动课程。在 1900—1917 年，除了运动项目的课程外，体育教师培训课程中还增加了舞蹈和休闲项目。发展到 20 世纪 20 年代时，各类运动项目、舞蹈和休闲娱乐项目已经成为美国大学体育教育项目的重要基石，而曾经作为体育教育课程主要运动活动项目的正式体操，已经被“新体育”所取代。

在理论课程方面，体育领域的领导者呼吁加强未来体育教师的文化教育，认为体育教育者亟待改善基础科学的知识背景，并增加基本的专业教育课程。体育师范学校的课程开展实行得较好，但有一些项目过于强调实践课程，很少强调理论课程，在学士学位课程开始之前，学术课程的教学较为缺乏[①]。

随着课程的发展，不同类型的课程结构开始呈现出多样化的特点，专业教育领域课程逐渐显露，课程结构可以分为基础学术课程、基础科学课程、专业教育课程和专业体育教育课程四种类型。

在办学机构中，欧柏林学院在大一、大二时开设基础学术课程和基础科学课程，到大三、大四时开设专业教育课程及专业体育教育课程。其中专业体育教育课程包括教学实践课程和运动教练等课程，安排的课时数在 18—36 小时。在这一时期，其一直保持着较为稳定的课程设置状态，变动性较小。与欧柏林学院不同的是，美国体操联合会师范学校在大一、大二时设置了较多的专业体育教育课程，这与学校的修业特殊制

① ZEIGLER E F. American sport and physical education history（to 1975）：an anthology［M］. Bloomington：Trafford Publishing，2009.

度有关。因为该校有些学生在学完两年后可以毕业并获得体操学位，另外还有部分学生可以选择完成四年制的学习后获得学士学位。在课程结构的布局方面，美国体操联合会师范学校在基础学术课程、基础科学课程和专业体育教育课程领域中的课程设置较好，但在专业教育课程领域中只提供了教育原理这一门课程。在这一时期，密歇根州立师范学院、哥伦比亚大学教师学院、威斯康星大学麦迪逊分校等学校在这四种类型中的课程设置中，有着比较先进的思想，布局较为合理。但需要说明的是，哥伦比亚大学教师学院在 1920—1930 年，课程教学的重点发生了较大的变化，除了几门入门课程外，该教师学院提供的都是研究生水平的课程。

尽管美国教育部门为公立学校的教师制定了认证要求，但各办学机构课程存在的差异较大，课程内容多种多样，以至于办学机构缺乏专业课程的标准化一直是体育教师专业人才培养方面存在的重大问题。发展到 20 世纪 20 年代末，体育领域的领导者意识到有必要尽快对课程名称进行标准化，且势在必行，因此在这一时期开展了两个重大的改进举措。

第一个较大的改进举措就是 1927 年在华盛顿由美国教育部举办的教师教育办学机构第二次会议上，国际基督教青年会学院的麦柯迪教授提出给相似的课程采用相似的名字，在会上组建的一个委员会对课程的术语进行了研究，并构建出一个最合适的课程名单，这促进了体育教育专业采用标准化的课程命名法。1929 年报告给出了关于所有课程要求的小时数等详细信息，并给出了以下建议，即毕业时需要 136 个学期小时数，其中体育活动占 16 个学期小时数；推荐课程使用确定的名称术语；在独立的部门教授体育课程；科学课程由基础科学课程和体育专门的科学课程组成；九人委员会进一步对各课程的学时分布情况提出建议，如表 3–3 所示。

表 3–3 体育专业办学机构的课程设置及学时数推荐

序号	课程名称	课程学时	序号	课程名称	课程学时	序号	课程名称	课程学时
1	自然和应用科学选修	选修课	7	植物学	选修	13	心理学	6 小时
2	数学	推荐选修	8	解剖学	6 小时	14	语言和文学	12 小时
3	物理	推荐选修	9	生理学	6 小时	15	教育	12 小时
4	化学	8 小时	10	健康服务	5 小时	16	体育教育理论	16 小时
5	生物	6 小时	11	健康教育	6 小时	17	体育教育实践	16 小时
6	动物学	选修	12	历史和社会科学	8 小时	18	教学指导	6 小时

注：以上数据引自《美国 139 所体育教育师资培训机构课程委员会的报告》[①]。

第二个较大的改进举措为对中学体育教师专业人才培养的五年制课程设置的推荐。1928 年尼尔森对体育教育专业办学机构目录中的课程列表进行了研究，发现有 671 门不同的体育教育专业课程[②]。于是，在 1928 年 5 月，他特别邀请对体育教师培训感兴趣的人士参加在加利福尼亚州举行的会议，将 671 门课程的名单分发给与会人员。通过多次讨论，参会者最终确定了一份课程名单。这份确定的课程名单被分发给由 39 人组成的专家小组，由他们再对这些最终的每门课程需要的修业年限和学分数进行判断。会议还选出委员代表并由他们组成最后的审查委员会，该委员会就程序提供咨询意见。这样就形成了由美国国务院颁发的 Bulletin E–1：中学体育教师专业人才培养的五年制课程，所有的课程由基础科

① MCCURDY J H. Report of the committee on the curriculum of the 139 institutions preparing teachers of physical education in the United States［R］. American Physical Education Association，1929：45.

② NEILSON N P. A curriculum for the professional preparation of physical education teachers for secondary schools［J］. Research Quarterly，1931，2（1）：217–226.

学课程（包括解剖学、生物学、化学、卫生学、生理学、心理学和社会学），体育教育和健康通识课程［包括学校健康计划的管理、社区娱乐、矫正体育（个人项目适应）、儿童的成长和发展、运动机能学（应用解剖学）、运动生理学（应用生理学）、健康教育原则、体育原理、体育研究、体育研讨会、体育监督、体育测试与测量］，教学活动和技术课程（包括水上运动、低组织的游戏、体操活动、节律性活动、自卫活动、其他运动），教育推荐课程及其他领域的推荐课程组成①。

在修业年限方面，1902 年对十多所培养体育教师的师范学校的调查发现，其中 1 所学校的修业年限为十个月，9 所学校的修业年限是两年，2 所学校的修业年限是三年，3 所学校的修业年限是四年。在其他具体的学校中，1902 年，在哈佛暑期体育学校中萨金特的支持者哈佛校长艾略特要求将课程延长为四个暑假。萨金特体育学院在 1902 年将课程延长到三年，在 1929 年合并入波士顿大学后提升为四年。在这一时期的第一个十年里，更多的四年修业年限进入了体育教育领域。欧柏林学院从 1900 年开始，学生完成四年课程后，学院会授予其文科学士学位。哥伦比亚大学教师学院的体育教育本科专业从 1901 年开始就是完整的四年课程。美国体操联合会师范学校在 1923 年将课程延长到三年，1932 年将课程延长为四年。卫斯理学院的体育修业年限在 1920 年延续到了五年，学生在第四年可以获得文科学士学位，在第五年可以获得体育证书。

另外，这一时期立法机关制定了四年制学士学位课程，将其作为体育教师的培养标准之一。加利福尼亚州在 1928 年采用了新的教师认证要求，提出了将州计划与州内各机构的教师培训计划相协调；纽约州规定在 1933 年 9 月 1 日或以后，中学专科教师如欲取得资格证明书，必须接

① NEILSON N P. Curriculum for the professional preparation of physical education teachers for secondary schools［J］. Research Quarterly，1931，2（1）：217-226.

受四年的专业训练。虽然这些要求在不同的州有所不同，但中学教学需要四年的体育专业课程学习已经成为一种趋势。

可以看到，这一时期的体育专业课程领域取得了不可估量的进步：不仅建立了更高的标准，增强了体育教育的专业化，而且课程在基础学术、基础科学、专业教育和专业体育教育中分布良好，修业年限也得以提升。这些努力均旨在培养更优秀的体育专业教师和领导者。

六、师资情况

这一时期，由于注册的学生人数逐渐增加，师资力量也随着壮大起来。

在学历方面，体育领域的教师接受了更多的学术培养，学历要求也越来越高。大学职位一般需要医学学位或研究生学位，有学者在 1908 年对体育教育领导力的调查发现，41%的体育教育主管拥有医学学位，3%的主管拥有哲学博士学位，剩下的是其他专业的学士学位[①]。当时体育师范学校或大学体育系的系主任持有医学博士学位是很常见的事情，如哈佛大学的萨金特博士、耶鲁大学的安德森博士、宾夕法尼亚大学的麦肯齐博士、阿默斯特学院的希区柯克博士等。其中一个原因是，人们认为具有医学背景的教师将使该系在大学机构中获得更专业的印象和良好的学术声望。另外也有人认为医学相关的知识背景有助于教师增加获得体育教育管理或大学教授职位的概率。

到 20 世纪 20 年代时，这种现象受到了严重的质疑。教育工作者开始取代医生成为专业项目的负责人，体育师资中的哲学博士开始多于医学博士。不过也有人发现到了 20 世纪 20 年代和 30 年代，大学院校的领

---

① WUEST D A, BUCHER C A. Foundations of physical education and sport[M]. Dubuque: William C Brown Pub, 1999.

导往往是运动教练，而不是医生或受过精心培养的体育教育工作者[①]。但不论怎样，随着时间的推移，体育专业教育的教师得到了更多的学术培养，并逐渐获得了更高的学位。越来越重要的是，这些人获得了更好的培养，更多人获得了学士学位，而不仅仅是两年制师范课程的文凭。

在数量方面，随着体育专业教育的发展壮大，教师数量开始增多。欧柏林学院在1900年有5名教师，其中4名为医学博士，1名没有学位，到1910年时人数增加至9人，其中3名为持有文学硕士的教授，2名为医学博士。萨金特体育学院到1909年教师数量增加到了26名[②]，随后稳定在20～22名，包括4～5名医学博士及哈佛大学的讲师和体育活动方面的专家。卫斯理学院的教师数量到1914年时发展为15人，之后教师数量没有太大的变化，为15～20人[③]。波士顿体操师范学院在1908年时教师数量为14名，1916年的教师人数增加到了24人[④]。在接下来的时期内，该校的教师数量变化也不大，多年来，该校的教师数量平均在18名左右[⑤]。纽约体育师范学校在1907年以前没有学校目录，因此未发现关于教师数量的记载，而在1907年，该校有13名教师，其中包括4名医学博士，1名学士，5名具有专业技能的教师和3名毕业于该校的教师[⑥]，到1909年，该校教师数量发展为16名，其中8名医学博士[⑦]。该校的教师留任率比较高，很多教师都在该校工作多年，教师名单未出现大的波

---

① PAUL J. Centuries of change: movement's many faces[J]. Quest, 1996, 48(4): 531–545.

② Catalogue [Z]. Sargent School of Physical Education, 1909–1910.

③ WACKER H M. The history of the private single-purpose institutions which prepared teachers of physical education in the United States of America from 1861 to 1958 [D]. New York: New York University, 1960.

④ Catalogue [Z]. Wellesley College, 1916–1917.

⑤ 同③。

⑥ Catalogue [Z]. New York Normal School of Physical Education, 1907–1909.

⑦ Catalogue [Z]. New York Normal School of Physical Education, 1909–1910.

动。纽黑文体操师范学校在 1901—1928 年的教师数量共有 16 名，其中 1 名为哲学博士，4 名为医学博士，11 名教师没有学士学位。表 3–4 展示了 1920 年和 1930 年这一时期中代表性院校的师资数量分布情况。

表 3–4　美国高等体育教育大学化发展时期代表性办学机构师资情况一览表

学校	美国体操联合会师范学校		欧柏林学院		国际基督教青年会学院		卫斯理学院		密歇根州立师范学院		哥伦比亚大学教师学院		威斯康星大学麦迪逊分校	
年份	1920	1930	1920	1930	1920	1930	1920	1930	1920	1930	1920	1930	1920	1930
教授	8	8	3	4	9	12	2	3	1	4	1	2	2	6
博士	5	7	2	2	1	3	2	3	0	0	1	2	1	2
硕士	1	1	1	1	3	5	0	0	1	3	0	0	0	0
学士	2	0	0	1	5	4	0	0	0	1	0	0	1	4
副教授	1	0	2	1	0	0	2	0	2	2	1	1	3	5
博士	1	0	1	0	0	0	2	0	0	0	1	1	1	0
硕士	0	0	1	1	0	0	0	0	1	1	0	0	1	0
学士	0	0	0	0	0	0	0	0	1	1	0	0	1	3
助理教授	1	3	2	4	0	0	1	2	2	1	0	2	4	5
博士	0	1	0	0	0	0	1	0	0	0	0	1	1	1
硕士	0	1	0	2	0	0	0	2	0	0	0	0	0	0
学士	1	0	1	2	0	0	0	0	1	1	0	1	2	2
仅有文凭无学位者	0	0	0	0	0	0	0	0	1	0	0	0	0	0
教师	2	4	4	4	0	2	9	7	5	9	6	15	8	0
博士	0	1	0	0	0	1	1	0	1	0	0	1	0	0
硕士	0	1	1	1	0	0	0	1	0	0	0	5	0	0

续表

学校	美国体操联合会师范学校		欧柏林学院		国际基督教青年会学院		卫斯理学院		密歇根州立师范学院		哥伦比亚大学教师学院		威斯康星大学麦迪逊分校	
年份	1920	1930	1920	1930	1920	1930	1920	1930	1920	1930	1920	1930	1920	1930
学士	0	2	3	3	0	1	4	5	1	8	1	0	3	0
仅有文凭无学位者	0	0	0	0	0	0	0	0	3	1	4	0	0	0
讲师	8	3	0	0	0	0	0	8	0	0	4	0	0	0
博士	3	0	0	0	0	0	0	8	0	0	1	0	0	0
硕士	0	2	0	0	0	0	0	0	0	0	1	0	0	0
学士	4	0	0	0	0	0	0	0	0	0	2	0	0	0
教师总数/人	22	18	11	13	9	14	14	20	10	16	12	20	17	16

注：以上数据来自以上 7 所学校于 1920 年和 1930 年的学校目录。

可以看到，到 1920 年后师资数量基本在 10～20 人。需要说明的是，这一时期很多学校采用聘请兼职教师、客座讲师和学生助理的方式，增加学校的师资力量。萨金特体育学院在 1926 年出现了一些该校附近的著名大学如波士顿大学、哈佛大学和麻省理工学院的教师，这些教师被邀请客座讲师①。卫斯理学院也通过聘请附近机构的杰出专家担任兼职工作及在麻省理工学院开设一些科学课程来确保其师资队伍的力量。另外，该校也邀请了一些客座讲师进行专门主题的讲座，如在 1923 年邀请了波士顿基督教青年会的 Sweet R. P. 发表演讲②，这些专题讲座主题包括矫正工作、战争紧急情况、基督教青年会和童子军活动。客座讲师是专门

① WACKER H M. The history of the private single-purpose institutions which prepared teachers of physical education in the United States of America from 1861 to 1958［D］. New York：New York University，1960.

② Catalogue［Z］. Boston Normal School of Gymnastics，1923－1924.

领域的专家，他们给这些办学机构带来了声望，同时也节省了雇用正式全职员工的费用，而这些费用是这些办学机构负担不起的。另外，学生助理也参与到教学中，其中萨金特体育学院从 1914 年开始，将 2 名学生助理也列入了教师名单中，到了 1920 年，学生助理的数量发展到了 11 名。国际基督教青年会学院在 1910 年有 12 名学生助理，到 1930 年时，就启用了 65 名学生助理，这些学生助理主要帮助教授各种运动项目课程。

在这一时期另一个值得关注的问题是师资的“近亲繁殖”问题。众多体育师范学校倾向于留用自己的毕业生。古利克在国际基督教青年会学院工作的 14 年里，他和他的助手们“近亲繁殖”到了极点①。另外，在大学里，这一时期体育教师的地位并不是很高，如俄亥俄州立大学通过了一项全面提高教师工资的法案，但忽视了体育教学人员，因为他们没有在大学学术领域的预算之内。许多人将这种疏漏归咎于这样一个事实，即体育并没有被纳入学术结构中，这让许多体育教师觉得他们没有受到重视②。从这一时期开始，体育教师教育领域的领导者们开始计划把体育教师培养成更有专业地位的人。

七、学生情况

这个时期学生的数量比上一时期有所增加。波士顿体操师范学校加入卫斯理学院前已经培养了 600 多名学生，在 1909 年加入卫斯理学院后，当年招生的学生人数达到了高峰，共有 83 人。欧柏林学院在 1902—1903

---

① ZEIGLER E F. American sport and physical education history（to 1975）：an anthology ［M］. Bloomington：Trafford Publishing，2009.

② SABOCK R J. A history of physical education at the Ohio State University：men and women's divisions 1898－1969 ［D］. Columbus：The Ohio State University，1969.

年培养了 29 名女性学生。美国联合会师范学校在 1918 年前共培养了 627 名学生，在 1919—1920 年度也有 83 名学生入学。除了以上学校外，这一时期萨金特创办的学校培养了体育领域中 1/3 的人才，国际基督教青年会学院培养了整个体育领域 9%的专业人才。

另外，体育领域本科学生继续深造，攻读硕士和博士研究生的人数也有所增加，如这一时期前期不到 10%的体育专业毕业生获得了学士学位，而后期超过 30%的体育专业毕业生完成了本科学位的课程，还有越来越多的体育专业毕业生继续攻读硕士和博士学位。

第三节　美国高等体育教育大学化体系形成时期的发展特点

这一时期在美国高等体育教育的发展历程中具有非常重要的承前启后的作用，整个体育专业教育的层次提升到了大学化的水平。这一时期外国体操体系对美国体育教育的影响逐渐减弱，“体操体系”相互竞争的局面已经不复存在，美国在学习借鉴的过程中，创新了自己的体育教育特色。另外，各州立法强制要求学校开展体育教育课程，这也促进了体育教育的发展。总的来看，美国高等体育教育在这一时期具有以下发展特点。

首先，办学机构逐渐达到大学水平，呈现出大学化倾向。在办学机构上，许多由政府资助的学院和大学进入了培养体育教育工作者的行业，另一些师范学校也开始向师范学院转变，其他私立非大学性质的学校则通过合并的形式进入高等教育机构。整体的办学机构呈现出大学化的发展倾向，这对体育教育专业的人才培养和体育教育的整体地位产生了极为显著的影响，提升了体育教育领域的学术水平。另外，办学层次逐步提升，初步形成了学士、硕士和博士的人才培养体系，高等体育教育朝着更专业化的方向继续前进。

其次，专业领域范围扩大，专业数量增加。这一时期，体育专业教育领域的范围扩大，从萌芽时期只有单一的体育教育专业，到这一时期随着社会对教练员、休闲娱乐及舞蹈等运动需求的增加，发展成为多个专业。体育领域的名称在这一时期，随着专业的增加，也出现了相应的变化。

再次，课程类型结构多样，体育科学基础受到重视。这一时期，课程类型从简单的理论课程和实践课程，发展为多样化的类型结构，如基础学术课程、基础科学课程、专业教育课程及专业体育教育课程；课程内容从正式体操向“新体育”模式转变。课程修业时间从十几周的暑期课程发展到了五年的本科及证书课程，学生在第四年结束时可获得学士学位，在第五年结束时可获得体育证书。四年制的课程学习也变得更加普遍。除了本科课程外，研究生课程也从这一时期开始展开。学士、硕士和博士学位的授予帮助解决了体育领域的学术化问题，使得整个课程的标准都有所提高，体育的科学基础也开始受到重视，体育专业培训朝着更加合理的方向发展，从而使教师培训的质量有所提高。

最后，师资学历提升，领导者由医生向教育者转变。随着高校体育课程中注册的学生人数越来越多，师资不仅在数量上逐渐增多，在学历方面也有所提升，拥有博士学位、硕士学位和学士学位等各层次学历学位的教师人数渐多，只有文凭而没有学位的教师人数渐少。在这一时期的早期，拥有医学博士学位的领导者居多，到了后期，更多的体育教育者而不是医生成为体育教育专业的负责人。这一时期，在高等教育系统中，大多数学院和大学对体育教育专家的专业教育缺乏认可，体育教师的地位还有待提高。

第四章 美国高等体育教育专业化发展时期

1930—1959 年为美国高等体育教育专业化发展时期。本书选择将 1930 年作为该时期的起点，在这一时期体育专业学校完成全面转型，暑期体育学校于 1932 年就已经完全关闭，私立体育专业学校全部进入高等教育办学机构中，体育教育向着更加专业化的方向发展。

第一节 美国高等体育教育专业化发展时期的历史背景

一、美国经济大萧条

1930—1939 年被称为美国经济的大萧条时期。1929 年美国股市崩盘导致了经济大萧条，使失业和贫困盛行[①]；也影响了教育，体育教育就是众多受经济危机影响的教育领域之一。在经济大萧条时期，美国国家财

① WESTON A．The making of American physical education［M］．New York：Appleton-Century-Crofts，1962．

政预算削减，大量体育活动与赛事被取消，很多体育教育项目也是要么被取消，要么被降级，有统计显示，在 1932—1934 年，有 40%的体育教育项目被完全取消[①]。许多州（如伊利诺伊州和加利福尼亚州）废除了体育教育的立法要求，或者将体育教师的职责增添到其他学科教师的职责中，让课堂教师（classroom teacher）顺带教授体育课程，新聘的体育教师很少，这进而导致体育教师的就业成了问题，供过于求，健康和体育教育在很多社区都步履维艰，美国学校体育教育所取得的成就也都消失了[②]。

二、体质健康测试及体质健康促进

美国政府于第二次世界大战期间对美国公民的体质进行了测试，与第一次世界大战期间的情况相似，许多应征入伍者因为身体素质不符合要求而不适合服役。1953 年，克劳斯—韦伯测试（Kraus-Weber tests）比较了欧洲和美国 6～19 岁儿童和青少年的肌肉力量和柔韧性水平，与欧洲儿童和青少年 8% 的不合格率相比，美国儿童和青少年的不合格率高达 56.6%，这激发了体质健康评估和促进的新热潮，同时也为学校加强体育教育课程带来了新的呼声，促进了大规模的校园健身计划的发展[②]。为了提高美国青少年的体质健康状况，1956 年，艾森豪威尔总统建立了总统青少年健康委员会（President's Council on Youth Fitness，PCYF），现在为总统身体健康、运动和营养理事会。这个备受瞩目的政府批准项目促进了体育的发展，提高了美国全民对体育健身的兴趣。此后不久，由 Hunsicker P. 领导的一项针对 5～12 岁青少年运动水平的全国性试点研

① WUEST D A，BUCHER C A. Foundations of physical education and sport[M]. Dubuque：William C Brown Pub，1999.

② MASSENGALE J D，SWANSON R A. The history of exercise and sport science [M]. Champaign：Human Kinetics Publishers，1997.

究完成后，具有国家标准的青少年健康测试手册于 1958 年得以出版。

三、《退伍军人再适应法》和《国防教育法》的颁布

1944 年《退伍军人再适应法》（*Servicemen's Readjustment Act*）的颁布使得大量的退伍军人进入大学校园，进而高等教育办学机构的数量和入学人数出现了急剧增长。美国体育教育工作者的人数从 1932 年的 20000 人，增加到 1947 年的 65000 人。随后 1958 年《国防教育法》（*National Defense Education Act*）颁布，其中包括对教育机构提供财政资助，设置了“国防学习贷款”等，以此来鼓励更多的人接受高等专业性的教育，以满足美国国防和安全的需求，到 1960 年美国体育教育者就发展为 125000 人，可以看出体育教师的数量出现了井喷式的增长[①]。许多师范院校修改了课程，开始更严格地挑选学生，一些州在这段时期提高了认证标准，提高了对教师的要求，也提高了教学的质量，从而也相应地提升了教师的培养水平。

四、休闲活动的发展

在 20 世纪 30 年代和 40 年代，纽约大学的纳什教授作为休闲运动的主要代表性人物，认为孩子应该接受终身休闲活动和度假教育，他强调技术发展和对活动的重视。在这一时期，体育教育者更多地参与到了由政府特殊津贴进行补贴的休闲娱乐项目课程中。另外，自 1947 年冷战开始以来，与健康相关的项目稳步改善，人们对健康的重视程度不断提高，为了应对这个社会日益严重的自动化问题，许多人开始认识到休闲教育的必要性。体育教育项目由正式类型的活动方式向非正式的游

---

① OGLESBY C A，HENIGE K，MCLAUGHLIN D W，et al．Foundations of kinesiology［M］．Burlington：Jones & Bartlett Learning，2017．

戏－运动方式转变[①]。体育协会也意识到了人们对休闲娱乐兴趣的增加，便在其名称中增加了“休闲娱乐”一词[②]。

第二节 美国高等体育教育专业化发展时期的概况

一、办学机构

在办学类型方面，暑期体育学校已经于1932年全部关闭，因此，这一时期主要有四种类型的体育专业教育办学机构，第一类为私立或公立的学院及大学；第二类为私立体育专业学校；第三类为私立组织创办的学校；第四类为公立师范学校或教师学院。

（一）私立或公立的学院及大学

1931年有210所高等教育机构提供四年制的体育教育专业课程，并授予学士学位，其中州立学院和大学有63所，私立学院和大学有77所，教师学院有70所。另外还有提供四年课程并授予辅修学位的州立学院或大学9所，私立学院或大学24所，教师学院15所。在1930—1959年，为体育教育提供专业培训的机构数量有了惊人的增长，越来越多的高校承担起体育教师的培养工作。从1930年到1939年，尽管严重的经济萧条严重影响了整个教育领域，但仍有大约97所学校进入体育教育领域[③]。

---

① WUEST D A，BUCHER C A. Foundations of physical education and sport[M]. Dubuque：William C Brown Pub，1999.

② PAUL J. Centuries of change：movement’s many faces[J]. Quest，1996，48（4）：531－545.

③ ZEIGLER E F. American sport and physical education history（to 1975）：an anthology[M]. Bloomington：Trafford Publishing，2009.

到 1947 年，开设体育专业教育的高等教育机构已经达到了 361 所[①]，到 1954 年有超过 635 所学院和大学都开设了体育教育专业[②]。

在办学层次上，这一时期大多数有体育研究生的院校都提供了理学硕士学位，大约有 21 所院校提供了体育专业的博士学位，这满足了这一时期体育教育领域对高级学位标准的要求。表 4–1 显示了提供体育专业教育博士学位的院校[③]。

表 4–1　提供体育专业教育博士学位的办学机构

所在州	大学	所在州	大学	所在州	大学
加利福尼亚州	斯坦福大学	马萨诸塞州	波士顿大学	俄亥俄州	辛辛那提大学
加利福尼亚州	南加州大学	密歇根州	密歇根州立大学	俄亥俄州	俄亥俄州立大学
印第安纳州	印第安纳大学	密苏里州	密苏里大学	俄勒冈州	俄勒冈大学
艾奥瓦州	艾奥瓦州立大学	纽约州	哥伦比亚大学教师学院	宾夕法尼亚州	宾夕法尼亚州立大学
肯塔基州	肯塔基大学	纽约州	纽约大学	宾夕法尼亚州	匹兹堡大学
路易斯安那州	路易斯安那州立大学	纽约州	雪城大学	田纳西州	乔治皮博迪教师学院
得克萨斯州	得克萨斯大学	怀俄明州	怀俄明大学	马萨诸塞州	春田学院

在这 21 所大学中，体育专业有三种博士学位：① 体育教育学博士

① SNYDER R A，SCOTT H A．Professional preparation in health，physical education，and recreation［M］．New York：McGraw-Hill Book Company，1954．

② ZEIGLER E F．American sport and physical education history（to 1975）：an anthology［M］．Bloomington：Trafford Publishing，2009．

③ HEWITT J E. The Doctoral Program in Physical Education［J］. Research Quarterly，1946，17（2）：82–95．

学位（Ph.D degree in physical education）；② 学术型教育学博士学位（Ph.D degree in education）；③ 专业型教育学博士学位（Ed.D degree in education）。[①]

这一时期男子大学体育运动兴起且蓬勃发展，大多数男子体育教育专业都是受体育教育系内部管理，或者与运动项目共同接受管理。而女子体育教育专业则被设立在了不同的学术单位部门中。

（二）私立体育专业学校

私立体育专业学校在这一时期继续与高等教育机构进行合并，向大学或学院方向发展。例如，安德森体操师范学校更名为阿诺德学院，后于 1953 年与布里奇波特大学合并。萨维奇体育学校在这一时期出现了资金困难，Wendelken J. H. 先生建议将其与纽约大学或哥伦比亚大学教师学院合并，后因为纽约大学提供了更好的合并解决方案，萨维奇体育学校便于 1943 年与纽约大学合并[②]。

其他没有大学背景、不提供学士学位的学校则被关闭。例如，波瑟体育学校后来更名为波瑟—尼森体育学校，于 1942 年被关闭。早期的波士顿体操师范学校合并进入卫斯理学院后，1948 年该校的卫生和体育教育系本科生修完第五年的课程项目后，可以获得卫生和体育教育的理科硕士学位，1953 年其名称更改为体育教育系，不再提供第五年的研究生项目，到了 1954 年，该系就被关闭了。

从这一时期开始就只有很少的私立非大学性质的学校继续存在了。

---

① HEWITT J E. The Doctoral Program in Physical Education[J]. Research Quarterly，1946，17（2）：82-95.

② WACKER H M. The history of the private single-purpose institutions which prepared teachers of physical education in the United States of America from 1861 to 1958 [D]. New York：New York University，1960.

（三）私立组织创办的学校

前期两所办学较为突出的组织创办学校，在这一时期继续保持良好的发展势头。其中美国体操联合会师范学校于 1941 年与印第安纳大学合并，成为印第安纳大学健康、体育教育与休闲学院中的一个系，学生在修完课程后可以获得体育教育理学学士学位。这一合并使印第安纳大学成为美国最古老的健康、体育教育和休闲教师的培训机构。另一所学校——国际基督教青年会学院于 1954 年更名为春田学院，后一直保留该名称，且声名远播。

（四）公立师范学校或教师学院

1931 年有 2 所公立师范学校提供四年制的体育教育辅修课程，5 所公立师范学校提供三年制的课程，17 所公立师范学校提供两年制的课程。到了 1935 年，很多师范学校升格成了教师学院或教育学院，1948 年教师学院总数增加到了 250 所，到了 1950 年，很多州立的办学机构在名称中去掉了“教师”或“教育”这些词，成为一般的学院或文理学院，有些发展成了大学。这种趋势发展到 20 世纪 60 年代时，师范学校就已经全部消失，被教师学院取代了。

二、培养目标

有调查显示，这一时期美国体育学专业办学机构的培养目标中有 70%的办学机构认为主要目的是为体育领域培养体育教师，在其余 30%的办学机构中，有 16%的办学机构表示学校的目的是对学科进行研究，而 14%的办学机构倾向于将学科研究和教师培养这两个目标放置在同样重要的位置上，另外还有极少数的办学机构有其他的目的，通常是教学领域的教练员的培养，尤其注重男性教练员的培养[①]。

可以看出，这一时期的体育教育领域继续重点关注教师教育。体育教育专业在 20 世纪 30 年代与美国教育协会建立正式的联系，体育教育专业的目标与教育发展的理念和哲学相一致，注重对学生身体、精神、心理、道德行为、专业教育、个性品质和社会适应性等方面的培养。体育教师培养从重点关注动作的内容和方法转向了重点关注人的教育和发展。

从具体的学校中来看，波瑟体操师范学校的目标从最初的“培养瑞典体操体系教师”，发展到“全系统教师培训”，再到 1935 年的“体育教师的培养”与“女性素质”的培养，到 1940 年时发展为培养学生的各种“实用和学术特色”，使他们成为负责任的体育教师。哥伦比亚大学教师学院在 1948 年和 1958 年的目标都是培养体育教师、体育教育主管、健康教师、健康主管、休闲教师和休闲主管等体育专业人才。阿诺德学院在 1950 年前一直坚持培养体操教师的目标，并逐步向学术性、文化性、专业性和品质培养的方向发展。该校在 1950 年的目标中说明：“为掌握知识和更好地了解社会和经济问题进行学术和文化教育，使个人能够适应不断发展和变化的世界；专业教育应该给学生较高的技术技能和完整的现代教育哲学；素质教育与知识技能相结合使教师能够对现代社会做出建设性的贡献。”在它将目标更改为提供学术和文化教育、专业教育及品格培养等之后就一直保持不变。纽瓦克体育与卫生师范学校在 1942 年前的目标一直都是“培养在教育和社会机构中任职的健康和体育教师”；于 1942 年将目标更新为“培养学生接受广泛的通识教育、综合的专业教育、专业的学科知识，让学生掌握基本的沟通技巧，促进学生身心健康、文化发展，培养学生的社会理解力和教育人生的指导思想”。这个目标与当时的教师

① CORBIN C B. The field of physical education：Common goals，not common roles［J］. Journal of Physical Education，Recreation & Dance，1993，64（1）：79-87.

教育理念相一致。加利福尼亚大学伯克利分校体育教育专业自 1944 年开始转向注重学术发展，在 1957 年决定将其专业定位为以人体运动理论或运动机能学为中心，但直到 1962 年这一专业定位才得以实现。

总的来看，有些学校始终坚持自己的办学宗旨，其培养目标一直保持不变。而另一些学校的培养目标则随着教育思想的演变，为了符合当时的教育思想，进行了与时俱进的修改和完善。

三、入学要求

这一时期，体育教师的供应赶上了需求，随着入学人数的增加，很快达到了供过于求的状态。因此，对教师的需求开始从数量上的需求转变为质量上的需求，提高体育教育办学机构的入学条件也成为势在必行的一种趋势。更加严格的入学要求不仅可以帮助体育领域录取到更加优秀的学生，也可以帮助提高未来体育教师的质量。

1933 年美国教师教育调查建议应该从入学开始就执行循序渐进的选拔、录取、淘汰和完成推荐的教学计划等程序，一直到学生毕业结束。另外，有学者对入学要求进行了研究，发现获批高中的毕业生、校长和体育主管教师的推荐、个人面试、性格测试、医学和身体检查、心理测试以及试用期等要求可以帮助选择优秀的学生。此外，入学要求委员会认为过去体育专业从入学招生到培养过程中均存在着一定的不足。因此他们从理论和实践的角度在入学要求方面对未来的体育专业课程提出了一些改进的建议：第一，要求高中修过生物学、化学、物理、卫生、健康教育、急救等科目；第二，要求提供高中体育主管教师的书面推荐信；第三，要求测试运动能力和节奏感；第四，要求测试智力能力；第五，要求进行体力、医学及健康检查；第六，要求有一年的试用期。

这些入学要求的建议逐渐被纳入招生的标准之中，到了 1940 年后，入学要求越来越严格，除了以上建议的入学要求外，SAT（学术能力评估测试）和ACT（美国大学入学考试）等全国性考试也开始出现在体育专业的招生条件中，并被要求实行。也有的学校明确说明要招收高中成绩较好的学生，并对高中成绩的具体排名做出了限定。

在1948年的入学要求中，卫斯理学院需要学生提供高中成绩记录、校长推荐信、健康证明、学术资格评估、个人资格评估、学术测试等，此外还包括SAT成绩。春田学院在入学条件中要求申请者提供高中学业成绩且成绩要在班级排名的前50%、学术资格评估、个人资格评估、健康证明、个人面试以及SAT成绩等。欧柏林学院要求申请者提供高中学业成绩记录且成绩在班级排名的前25%，如果条件不够则需要参加该校的入学考试，另外还需要进行学业资格评估和个人资格评估，并提供健康证明等。威斯康星大学麦迪逊分校要求申请者的成绩必须在班级中排名前75%，该校尝试给申请者提供更加全面的学习机会，以此来提升学生的教育质量，因此身体的运动能力不再是进入体育专业的必要条件和基础。密歇根州立师范学院与其他学校类似，但是增加了对申请者的教学和专业服务经验的要求。

另外，从这一时期开始，一些大学开始倾向于在同等条件下优先招收校友的孩子。春田学院、欧柏林学院等均表明在同等条件下会优先考虑校友的子女。到这一时期末时，密歇根州立师范学院和欧柏林学院还说明要对优秀卓越的学生进行提前招收。总的来看，这时期的入学要求较之前还是有较大的变化的。

四、专业设置

这一时期，对专业人员的需求趋势发生了变化。之前雇主需要的主要是体育教育者，其次是教练员，最后是学术教师；到1932年，这个需求发生了改变，需求的专业人员依次是教练员、学术教师和体育教育者。教练课程在这一时期受到了较大的关注，很多学校开设了运动教练课程。1941 年的一项关于教师供求关系的调查显示，教师委员会和国家教育专业标准协会指出，大多数体育教育专业过于偏重教练员的培养。发生变化的原因可能部分是受经济的影响，部分是学校对培养卓越的运动队伍的重视和强调。

另外，休闲娱乐课程也蓬勃发展，并从体育教育专业的课程中分离出来，逐渐成为一个独立的专业，许多办学机构开始提供非教学性的休闲娱乐专业，并进行单独招生。

司机教育和安全教育课程也加入了体育领域，主要是由于交通事故和火灾等在涉及儿童的危险因素中占有较大的比重。[①]为了满足对司机教育和安全教育专业人才的需求，相关专业的人才培养计划从 1940 年便开始了，体育教育专业的大多数课程形式或结构都包含了司机教育和安全教育课程。到 1949 年时，大约有 200 个教师培训机构开设的人才培养课程包含这方面的教育。[②]

伊利诺伊大学从 1941 年开始规定，男生可以选择运动教练、健康和安全、体育教育、休闲作为其专业，女生则可以选择体育教育、健康教育、社区健康和休闲作为其专业。

在这一时期的教育背景下，体育的专业领域包括学校的体育教育、运动教练和运动训练、健康教育、安全教育、休闲娱乐和舞蹈等专业。

---

① VAN DALEN D B，MITCHELL E D，BENNETT B L．A world history of physical education：cultural，philosophical，comparative［M］．Englewood Cliffs，New Jersey：Prentice-Hall，1953．

② NEWMAN R E，MILLER M T．Historical overview of physical education teacher education curricula in American higher education［EB/OL］．(1990－12－19)［2019－03－09］．https://eric.ed.gov/?id=ED381521．

上一时期已经开办的舞蹈专业，这一时期在 Alkire H. 的领导下，继续快速发展。越来越多的学校开设了舞蹈专业，其中俄亥俄州立大学女子体育系于 1947 年设立了舞蹈专业[①]。另外，体育教育工作者认识到体育专业领域可以帮助各类残疾学生提高生活质量时，适应性体育教育专业课程开始受到更多的关注，并在这一时期也开始发展起来，这一时期体育教育专业开始提供更多的适应性体育教育专业课程，以满足对合格人才的需求。

五、课程设置

美国办学机构的体育教育课程设置各不相同，每一所学校都可以自主设定自己的课程，各个大学拥有很大的自由度，且与其他学校的课程设置没有太大的关系。这种没有认证程序的标准在这一时期开始有所改变，很多州通过立法要求对学校的体育课程设置进行指导，一些专业协会和组织开始为加强课程设置的指导而进行一系列提升标准和明确核心要素的操作。

在课程标准方面，1931 年 7 月 1 日，美国教育协会学校健康与体育部授权部门主席纳什博士组织协会制定用于评估体育教师教育项目的标准。[②] 1935 年提出的一套标准准则成为体育教育的专业标准，该标准包括中学教师的培养、体育教育专业的学生选拔、体育教育的课程设置、师资和设施标准等。[③] 这套标准对后续的体育教师标准产生了较为深远的影响。

1947 年，美国各地的体育教育专业领导者为了改进课程教学，到迈阿密大学、俄亥俄州参加全国性的会议，研讨了优秀教师应具备的 12

---

① SABOCK R J. A history of physical education at the Ohio State University: men and women's divisions 1898–1969 [D]. Columbus: The Ohio State University, 1969.

② WESTON A. The making of American physical education [M]. New York: Appleton–Century-Crofts, 1962.

③ 同②。

种能力和属性，并在行业训练、通识教育和所需的个人与社会素质方面制定了较高的标准。同年，他们在大学体育教育协会教师教育组会议上讨论了体育教育的研究生课程，哥伦比亚大学教师学院的 Scott H. 教授主持了这场讨论，会议决定研究生阶段的课程和教学至少有 8 个特点，即培养批判性思维能力、培养领域较广、注重横向和纵向知识的拓展、开发独立调查研究工具、培养独立思考能力、专业化、有机会去感知和应用各知识领域与人类经验之间的关系、获得学士学位的学生如需进一步的个性化学习及硕士学位至少需要一个学年的时间。这一系列的举措都为课程的标准化发展铺垫了道路。

另外，在课程结构类型上，1935 年博纳德将体育课程分为以医学为源的健康教育课程、以社会学和休闲为源的培训课程、以游戏和运动为源的文化培训课程三种类型。另一种分类方法是将体育教师教育课程分为四种类型：一是必修理论课程，包括体育教育与运动技能、体育教育的组织与管理、急救、娱乐组织、健康组织、矫正体育、体育教育的哲学与原则、体育教育的测试与测量、体育教育史、身体检查（诊断）等课程；二是生物科学课程，包括解剖学、动物学、生理学、运动机能学和运动生理学等课程；三是心理学课程，包括普通心理学和教育心理学等课程；四是卫生课程，包括个人卫生、社区卫生和精神卫生等课程。[①]

在这一时期，密歇根州立师范学院将其体育教育课程分为四种类型：第一种为语言和文学课程，第二种为科学课程，第三种为社会科学课程，第四种为专业教育课程。另一所学校——春田学院将课程分为学术课程、科学课程、专业教育课程和专业体育教育课程。其中，学术课

① NEWMAN R E，MILLER M T. Historical overview of physical education teacher education curricula in American higher education［EB/OL］.（1990－12－19）［2019－03－09］. https://eric.ed.gov/?id=ED381521.

程包括公共演讲、卫生、历史、社会科学等课程；科学课程包括生理、生物化学等课程；专业教育课程包括教育入门、教育心理学、美国公共教育、教学方法和中等教育原理；专业体育教育课程包括技术和技能课程、体育教育测量和评估、纠正性体育教育、体育教育机制和运动机能学等。

虽然一些机构在这个时期更加重视专业课程，但整个专业领域的学术水平并不是很高。在文化教育方面，体育教师的培养仍有改进的空间。有学者对 21 所大学和 6 所学院进行的调查研究发现，“体育专业的学生在所有的教学领域中，无论在学术培训的广度，还是在其深度上，都是垫底的”①。因此，体育教育领域开始重视对学生进行更加全面和综合的课程培训，并强调文化知识的学习，继续加强对通识课程、基础科学课程和专业体育课程的课程设计。

美国教师学院协会（American Association of Teachers Colleges）在 1948 年进行的一项研究也发现教师培训计划还存有不足，这一方面说明了整个教师培训项目，而不仅仅是体育教师培训项目出现了问题；另一方面也进一步证实体育专业学生需要增强通识课程的学习。在这一时期，很多体育教育专业的办学机构更侧重于对学生技术能力方面的培养，而忽视了对他们社会责任感的培养和教育，在课程设置上对学生综合能力培养的考虑还不周全，诸如身心健康、社会发展和适应力、道德和情感及智力等方面也都应该被纳入课程的教育计划中。

随着对健康教育、体育教育和休闲娱乐领域的研究越来越深入，体育教育领域的课程变得更加专业化和多样化，专业化表现在运动生理学、动作学习、教练科学原理、教练心理学、运动社会学、动作发展、专门的教学方法等专业课程相继出现，多样化表现在课程内容更加丰富。

① PEIK W E，FITZGERALD G B. The education of men teachers of physical education for public school service in selected colleges and universities. Research Quarterly，1934，5(4)：18–26.

在课程的课时方面，这一时期后期哥伦比亚大学教师学院健康、体育教育和休闲专业的目录显示其可以授予教育理学学士学位，这在当时是较大型的可以提供体育教育本科专业的私立办学机构之一，该校的体育专业要求学生毕业前修完 120 个小时的课程；美国体操联合会师范学校要求学生在毕业前修完 122 个小时的课程；密歇根州立师范学院在 20 世纪 40 年代时也提供了卓越的体育教育教师课程，获得学士学位需要 120 个学时，到了 1955 年，该校成立了健康、体育教育和休闲部门，其中体育教育专业要求修完 124 个学时的课程；欧柏林学院要求学生在毕业时需要修完 124 个学时的课程才可获得文科学士学位；春田学院要求学生修完 124 个学时后才可获得学士学位。

在整体修业时间上，许多大学已经形成了四年制的学位课程体系。在第二次世界大战期间和之后，出现过紧急证书发放的情况，但是很快就回到了普通的毕业生要求的状态。[①]一些体育师范学校，如萨维奇体育学校[②]和波瑟体操师范学校[③]，也加入了四年制学习课程的队伍中，不过采取的方法是学生前三年在体育师范学校学习，第四年在其他学院或大学中学习，修完所有的课程后才可获得学位。

由于体育教育专业的专业化发展趋势越来越明显，整个课程的完成需要更长的时间。这一时期为了对中学体育教师进行更加全面和深入的培养，体育专业学校的修业年限延长到了五年的时间。尽管五年制课程改革，可以让学生同时获得教师资格证书或硕士学位，而且得到了高等教育机构的支持，但在体育界也出现了一些反对的声音，他们质疑延长修业年限的必要性。有学者建议进行更详尽的考察来改善课程现状，如

① DIXON J G, MCINTOSH P C, MUNROW A D, et al. Landmarks in the history of physical education [M]. London: Routledge and Kegan Paul Ltd, 1957.

② Catalogue [Z]. Savage School for Physical Education, 1934-1935.

③ Catalogue [Z]. Posse Normal School of Gymnastics, 1937-1938.

确实有必要再延长修业年限。

总的来看，这一时期体育课程的地位相对上一时期有所提高，体育教育向着更加专业的方向发展，课程在内容、方法和目标方面都发生了诸多改变，由战争经验而来的体育运动、田径运动和团体赛项目向着体育教育的“自然”项目转变，独特的美国体育教育哲学在这一时期开始对体育教师的培养产生影响，体育课程也在高等教育办学机构中逐渐被接受并获得了支持和关注。

六、师资情况

在这一时期，体育教师在数量和质量上都有所提高。在数量上，第二次世界大战结束时学生人数有了大幅的增长，这给学校的教职员工带来了压力，迫使师资数量出现大幅增长。在质量（学历）上，大部分教师拥有硕士以上的学位，获得博士学位的人也越来越多，且他们更倾向于攻读哲学博士而不是医学博士。博士学位正成为进入大学工作的先决条件。[①] 1942 年 5 月美国健康、体育教育和休闲协会（American Association for Health，Physical Education and Recreation）在《研究季刊》（*Research Quarterly*）上的特约编辑名单显示，在 32 名获得学位的人中，有 25 人为哲学博士、4 人为医学博士、3 人为教育博士，这说明了该领域的高级学位从医学博士向哲学博士转变。[②]

表 4-2 展示了 7 所代表性院校在 20 世纪 30 年代、40 年代、50 年代和 60 年代的师资发展演变情况。总的来看，从 1930 年到 1960 年，

---

① VAN DALEN D B，MITCHELL E D，BENNETT B L．A world history of physical education：cultural，philosophical，comparative［M］. Englewood Cliffs，New Jersey：Prentice-Hall，1953．

② LEONARD F E．A guide to the history of physical education［M］．Philadelphia：Lea & Febiger，1923．

表 4-2　美国高等体育教育专业化发展时期代表性办学机构师资演变一览表

学校	美国体操联合会师范学校				欧柏林学院				春田学院				卫斯理学院				密歇根州立师范学院				哥伦比亚大学教师学院				威斯康星大学麦迪逊分校				
年份	1930	1940	1950	1960	1930	1940	1950	1960	1930	1940	1950	1960	1930	1940	1950	1960	1930	1940	1950	1960	1930	1940	1950	1960	1930	1940 男	1940 女	1950	1960
教授	8	4			4	3	2	3	12	13	10	14	3	1	1	—	4	4	4	3	2	—	3	3	6	2	1	5	10
博士	7	1			2	3	2	2	3	4	3	6	3	1	1	—		1	1	1	2	—	3	3	2			1	5
硕士	1	3			1			1	5	7	6	7				—	3	2	2	2		—				1		3	4
学士					1				4	2	1	1				—	1	1	1			—			4	1	1	1	1
副教授					1	3	7	5			1	2		3	2	—	2	3	1	4	1	—	1	3	5	3	4	4	9
博士							1	1				1		3	2	—		3		1	1	—	1	1			1		1
硕士					1	2	4	4			1	1				—	1		1	3		—		2		1	3	4	5
学士						1										—	1					—			3	2			
助理教授	3		1	2	4	6	4	5			3	6	2	5	4	—	1	1	6	12	2	—	2	1	5	3		4	6
博士	1													1	2	—				1	1	—	1	1	1	1		1	3
硕士	1		1	2	2	5	4	5			2	5	2	4	2	—		1	6	10		—	1			1		1	3
学士					2	1					1	1				—	1			1	1	—			2	1		2	

续表

学校	美国体操联合会师范学校				欧柏林学院				春田学院				卫斯理学院				密歇根州立师范学院				哥伦比亚大学教师学院				威斯康星大学麦迪逊分校				
年份	1930	1940	1950	1960	1930	1940	1950	1960	1930	1940	1950	1960	1930	1940	1950	1960	1930	1940	1950	1960	1930	1940	1950	1960	1930	1940 男	1940 女	1950	1960
教员	4	4	7	4	4	3	2	3	2			8	7	5	7	—	9	5	7	1	15	—	8	2		2	7	14	14
博士	1		1	1		1			1							—					1	—		1		1			
硕士	1		2	3	1			2				2	1	4	5	—		4	3	1	5	—	4	1		1	6	11	10
学士	2	2	4		3	2	2	1	1			6	5	1	2	—	8	1	3			—						3	4
仅有文凭无学位者																—	1					—							
讲师	3	5	3	1						3	5		8	8	5	—								1			1		
博士			2										8	8	4	—						—							
硕士	2	2	1	1						2	2					—						—		1			1		
学士		2								1	3				1	—						—							
教师总数/人	18	13	11	7	13	15	15	16	14	16	19	30	20	22	19	—	16	13	18	20	20	—	14	10	16	10	13	27	39

注：以上数据来自以上 7 所学校于 1930、1940、1950、1960 年的学校目录。

这些学校的教师数量依据办学规模的不同而有所不同，从 7 名到 39 名不等。具体来看，在 20 世纪 30 年代，各个学校的师资数量从 13 名到 20 名不等，20 世纪 40 年代从 13 名到 22 名（其中哥伦比亚大学教师学院的数据缺失）不等，20 世纪 50 年代从 11 名到 27 名不等，20 世纪 60 年代从 7 名到 39 名不等（其中卫斯理学院的数据缺失）。在不同的年代和不同的办学机构中，师资的数量存在一定的差异。

威斯康星大学麦迪逊分校的教师总数从 20 世纪 30 年代的 16 人发展到了 60 年代的 39 人，教授数量增加到了 10 人，副教授数量增加到了 9 人，助理教授数量增加到了 6 人，教员数量增加到了 14 人，其中博士有 9 人、硕士有 22 人、学士有 5 人。春田学院的教师总数从 20 世纪 30 年代的 14 人增加到了 60 年代的 30 人，教授数量增加到了 14 名，其中 6 名博士、7 名硕士、1 名学士；副教授数量 2 名，其中 1 名博士、1 名硕士；6 名助理教授中有 5 名硕士和 1 名学士；8 名教员中有 2 名硕士和 6 名学士。以上两所学校的师资数量增加较快。

欧柏林学院的教师总数从 20 世纪 30 年代的 13 人发展为 60 年代的 16 人，相对较为稳定。到 60 年代时，教授有 3 人，其中博士为 2 人、硕士 1 人；副教授有 5 人，其中博士 1 人、硕士 4 人；助理教授有 5 人，均为硕士；3 名教员中，有 2 名硕士和 1 名学士。卫斯理学院和密歇根州立师范学院的教师数量变化也相对较为稳定，但卫斯理学院在 20 世纪 50 年代取消了体育教育培训课程，因此在 20 世纪 60 年代没有相关的数据。另外两所学校，美国体操联合会师范学校和哥伦比亚大学教师学院在这一时期，教师数量不仅没有增加，反而减少了：美国体操联合会师范学校的教师总数从 18 人减少为 7 人，哥伦比亚大学教师学院的教师总数从 20 人减为 10 人。这种变化可能与学校的机构设置调整有关。

除了以上的学校外，其他学校的数据也可以辅以说明这一时期的师资情况。例如波瑟—尼森体育学校 1932 年有 23 名教师，其中有 5 名医学博士、1 名理学硕士和 6 名学士，发展到 1941 年时，有 16 名教师，包括 4 名医学博士、1 名教育博士、2 名文学硕士、4 名学士及 5 名没有学位的体育教育专家。萨维奇体育学校在 1931 年时有 41 名教师，其中不乏体育教育领域的杰出领导者，例如 Gulick L.、Crampton C. W.、Anderson W. G.、Chalif L.、Mccurdy J. H.、Angell E.、Bancroft J. H.、Rogers F. R.和 Scully C. B. 等人。在 1943 年，该校与纽约大学合并时，虽然也有 41 名全职和兼职的教师，但是只有 8～10 人被雇佣到纽约大学继续任职。阿诺德学院在 1939 年共有 21 名教师，其中 1 名哲学博士、6 名医学博士、7 名硕士、3 名学士、4 名没有学士学位者；发展到 1953 年时，共有 27 名教师，其中 3 名哲学博士、1 名医学博士、11 名硕士、12 名学士。

第三节　美国高等体育教育专业化发展时期的发展特点

美国高等体育教育在专业化发展时期呈现出以下发展特点。

首先，办学机构中大学成为体育专业教育的主力军。这一时期，早期建立的私立体育师范学校全部完成了转型，从私立体育师范学校发展到具有地方和国家认证的教师培训机构，所有学校最终在资金和认证要求的压力下，或解散，或升级为大学，或附属于大学或被大学合并。这些体育教育的先锋教师培训机构开创了体育专业教育，设计和组织了体育活动，制定了体育专业课程，确立了体育的专业地位，培养的体育专业人才为体育事业的发展做出了杰出的贡献，这些学校出色地完成了自己的使命，为体育事业留下了丰富的宝贵财产并为体育事业的发展奠定了坚实的基础。至此，体育专业教育全部进入高等教育系统，高等教育办学机构在数量上急剧增加，在规模上也逐渐扩大，发展成为体育专业教育的主力军，大学和学院在高等体育教育发展中发挥着重要的作用。

其次，专业范畴进一步扩大。美国高等体育教育领域中的专业在这一时期获得了继续发展且发生了微妙的变化。曾经最受欢迎的专业从体育教育专业转变为运动教练专业。休闲娱乐专业在这一时期的地位也继续得到巩固并蓬勃发展。除此之外，专业范畴也进一步扩大，一些新兴专业如健康教育、安全教育、司机教育和适应性体育教育等专业也相继加入体育教育领域。可以看到，体育教育领域内的专业越来越多，范围也越来越广泛。

再次，课程逐渐专业化，并开始寻求标准化。在课程类型上，虽然划分的方法不同，但大致都被分为三种或四种类型。在课程内容上，随着体育领域的研究越来越深入，知识更加细化，越来越多的专业化课程也相应出现，这使得整个体育教育领域的课程也向着更加专业化的方向发展。这种专业化导致要求四年修业时间的项目计划更加稳定，还有一些师范院校进一步趋于向五年修业时间的项目计划发展。另外，这一时期对标准化的探究，如统一命名课程、明确课程设置、设立课程标准等措施，为高等体育教育质量的提升迈出了实质性的步伐。

最后，师资规模扩大，教师的高级学位也由医学博士转向哲学博士。在这一时期，体育专业教育师资的数量和质量都出现了提升。在数量上，大部分机构的教师数量在 20 人左右。在教师的质量（学历）上，大部分教师拥有硕士以上学位，获得博士学位的人也越来越多，拥有医学博士学位的教师比例呈下降趋势，有哲学博士学位的教师比例增加。博士学位也正成为进入大学工作的先决条件。可以看出，这一时期对师资数量和质量的需求标准均呈现稳定的提升趋势。

第五章

美国高等体育教育学科化发展时期

1960—1989 年为美国高等体育教育的学科化发展时期，本时期以发生在体育领域的两个“催化剂”事件为划分阶段的标志，即 1963 年科南特发表的关于体育教育研究领域的言论和 1964 年亨利提出的“体育是一门学科”。这两个事件带来了体育教育领域的彻底转型，在美国高等体育教育发展历程中具有里程碑式的意义，促进了体育教育从职业向学科的转变。因此，笔者将这两个事件共同发生的大致时间点 1960 年作为本时期的起点。

第一节　美国高等体育教育学科化发展时期的历史背景

一、体质健康的强调

1960 年肯尼迪当选美国总统后，其在讲话中经常提到体质健康的重要性，呼吁重视美国人的身体和心理健康状况并提高其道德水平，尤其是儿童和青少年的体质健康，强调要采取各种体育运动措施来促进美国儿童和青少年拥有健康的体魄，随后还建立了“青少年健康行动”（Operation Youth Fitness）计划。肯尼迪总统对体质健康的强调为体育教育发展带来了许多机会，也打开了体育专业教育发展的大门。在学校体育方面，有 84%的学校有体育教育课程的要求，其中 68%的学校安排了两年的体育课程，25%的学校安排了一年的体育课程，少数学校安排了三年或者四年的体育课程。

二、“太空竞赛”带来的对科学创新的重视

当 1957 年苏联成功发射了第一颗人造地球卫星后，美国人开始对科学教育现状产生极大的关注。之后，美国与苏联展开了一场探索外太空的竞赛，并承诺在十年后登陆月球。为了支持这项事业，美国教育领域加强了对科学探究价值的重视，学校开始重视科学和数学，这引起了教育目的、学校课程、教育内容和方法的重大变化。[①]同时这也影响了体育教育，激发了体育教育“科学化”的呼声。

三、体育是一门学科的提出

1963 年哈佛大学校长科南特在其出版的《美国教师的教育》一书中对高等体育教育的研究提出了批评，他指出：“我所听到和读到的有关体育教育领域的研究生项目，远远没有给我留下深刻的印象……在我看来，大学应该取消体育教育领域的研究生课程。”[②]他建议：“体育教师如果希望进入运动生理学及相关的研究领域，应该利用研究生阶段的时间，

① MASSENGALE J D，SWANSON R A. The history of exercise and sport science［M］. Champaign：Human Kinetics Publishers，1997.

② CONANT J B. The education of American teachers［M］. New York：McGraw-Hill，1963.

在自然科学的基础上发展生理科学的知识，使自己能够与这些科学领域的本科学生处于平等的地位。”

科南特对体育教育的评价言论在高等体育教育界引起了轩然大波，让体育教育工作者感到震惊。在意识到体育教育出现危机的同时，体育教育工作者也认为自己的工作没有得到学术上的尊重，急需学者去证明体育学科的学术性。

1964 年，加利福尼亚大学伯克利分校的亨利教授提出了将体育作为一门学科组织起来的学术建议。[①]他认为体育不仅仅是培养体育教师或教练员的专业或职业，而且应该是一门专门探索和传播专业知识的学术学科，其中包括解剖学、物理学和生理学、文化人类学、历史学和社会学及心理学等学术领域知识。他建议对体育学科加强理论研究，并增强对学生在这些学术领域的教育。[①]许多教师和体育院系在响应亨利教授号召建立体育学科的同时，如何培养更多的科学家和提高体育教育的学术严谨性成为这一时期优先考虑的问题。

四、“知识体系”和分支学科的建立

从上一个时期开始就有学者试图确定构成体育学科的“知识体系”。随着对其他运动科学方面研究的增加，体育领域的分支学科创建了起来。在 1966 年六个分支领域被确定，即体育管理、生物力学、运动生理学、体育教育的历史与哲学、运动学与运动心理学、社会学与运动教育。[②]知识体系的建立无疑是美国高等体育教育演变过程中迈出的最重要的一

① HENRY F M. Physical education: An academic discipline[J]. Journal of Health, Physical Education, Recreation, 1964, 35 (7): 32-69.

② ZEIGLER E F, MCCRISTAL K J. A History of the Big Ten Body of Knowledge Project [J]. Quest, 1967, 9 (1): 79-84.

步。之后，这些体育学的相关领域被重新认识，传统院系和学校也开始进行调整和重组，学者对于学科发展的优点也在进行热烈的讨论。然而，关于学科发展的负面影响也引来了一些担忧，如科学家与实践者之间的脱节日益加深，学科化发展降低了体育教育的重要性，体育教育学的分支学科已被过分孤立于有关该领域目标的学术对话之外，学科的专业化也带来了碎片化，各学科彼此孤立不利于整个领域的协同运作，等等。在这些具有争议的讨论中，高等体育教育领域采取了一系列的变革措施。高等体育教育的发展越来越专业化，各个分支学科也成立了自己的组织，创办了自己的期刊，设置了专业课程，建设了大量的实验室，仅大学和学院的运动生理学研究实验室从 20 世纪 50 年代的 16 个，就已经发展到了 20 世纪 60 年代的 151 个。人们对体育学科领域和新知识的产生也有了更多的尊重和理解。

第二节　美国高等体育教育学科化发展时期的概况

一、办学机构

发展到这一时期，所有的私立体育专业学校都已经被关闭或被大学合并，这一时期有 600 多个办学机构提供体育教育或相关领域的专业课程，这些机构分布在美国各地。[①]

20 世纪 60 年代，在这些办学机构中大部分大学分别开设男子和女

① LEE M. A history of physical education and sports in the USA［M］. New York: Wiley, 1983.

子体育系，并将其分属于不同的管理部门，后来又渐渐将其合并。一方面是因为颁布的《教育法修正案第九条》（*Title IX*）提升了女性在体育领域的地位，另一方面是因为体育训练和运动科学的研究不需要分性别进行，合并后在财政管理上也更方便进行集中管理。①

另外，许多规模较大的大学已将男子竞技运动项目和男子体育教育专业纳入不同的管理部门，这一变化使教师有可能主要从事教学和学科的研究工作，而不是首先被聘为体育教练，然后再被聘为体育教师①。

体育领域从对“职业”或“专业”的重视逐渐向对“学科”的重视转变，这一转变导致高等体育教育更加专业化②。一些早期具有代表性的办学机构，在这一时期已经不再具有一定的领先优势和很强的代表性，但也有一些学校继续保持较高的办学水平。例如，春田学院本科体育教育项目变得高度专业化，附属于印第安纳大学的美国体操联合会师范学院也随着时代的发展而不断变革，始终保持着较高的办学标准。早期的萨金特健康体操馆自 1929 年成为波士顿大学萨金特体育学院以来，于 1967 年改名为萨金特联合卫生职业学院（Sargent College of Allied Health Professions），这反映了其在培养目标方面进一步扩大了范围。

在办学层次上，有些机构只提供体育系的本科专业，有一些学校也提供研究生教育。1965 年哥伦比亚大学教师学院决定取消几乎所有的本科课程，将全部精力集中在研究生阶段，还设立教育学博士和哲学博士等学位。

---

① MASSENGALE J D，SWANSON R A．The history of exercise and sport science［M］. Champaign：Human Kinetics Publishers，1997．

② CORBIN C B．The field of physical education：common goals，not common roles［J］. Journal of Physical Education，Recreation & Dance，1993，64（1）：79－87．

二、培养目标

与其他学科不同的是，体育教育最初作为一门职业，被引入高校的目的是培养体育教师，而不是深入研究这门学科。①在 20 世纪 60 年代早期，体育专业教育的目标还是以培养教师为主，但是从 60 年代后期开始逐渐转向了培养学科研究的专业人才，并且这个趋势逐渐增强②。

1961 年东密歇根大学体育教育课程的目标还是延续其办学的初衷——培养体育教师，另外休闲课程的目标是培养休闲教师和主管人员。到了 1970 年，男子和女子体育课程虽然被分开，但是同属于教育学院，且培养目标仍然没有变。1973 年得克萨斯农工大学为那些想在公立学校或在社区或其他办学机构从事健康教育工作的学生开设了健康教育课程，并有权授予理学学士学位；1976 年密歇根州立大学的主要使命还是培养教师、教练员和休闲专家。

这一时期具体的培养目标包括：本专业的目的是研究个体在日常生活中从事运动的表现，并在其中产生美学价值或提供服务，以表达其身体和竞争的本性；本科专业的目的是为将主要注意力放在研究上的学生及那些准备成为体育教师的学生提供基础教育，培养的重点是对运动现象进行科学研究；本专业毕业生应是一名真正的学者型教师，在任何教育水平上都能引导年轻人或成年人对运动中的人体有全面的了解②。体育教育专业是对运动中人体的深入理解，教学的专业培养被认为是通过高水平的学术课程来完成的，并辅以一些专为满足教师独特需求而设计

---

① WACKER H M. The history of the private single-purpose institutions which prepared teachers of physical education in the United States of America from 1861 to 1958［D］. New York：New York University，1960.

② 同①。

的专业化课程。[①]

由此可见，从这一时期开始，越来越多的专业开始以学科研究为主要的培养目标。

三、入学要求

这一时期的入学条件变得越来越严格，学生必须展示较高的学业成绩才能被录取。另外，SAT 被招生委员认为是大学未来学习中能获得成功的可预测因素。因此，很多学校要求高中学业成绩的排名和 SAT 的成绩。

美国体操联合会师范学校被印第安纳大学合并后，该校针对印第安纳州的新生申请者的入学要求是必须从被认可的高中毕业，且完成大学预科课程；在高中毕业班成绩排名前 50%；SAT 或 ACT 的成绩处于或高于高中毕业生的平均水平。州外的申请者除了符合所有上述标准外，成绩还应在班级排名前 25%，SAT 或 ACT 的成绩排名前 25%。印第安纳大学体育系的负责人表示提高了这些成绩的要求后，录取进来的生源质量更好。春田学院的入学要求也比上一时期更严格，也注重大学入学分数和班级排名。另外，由于学校继续强调社会服务的哲学理念及良好的领导能力，对学生进行面试也是招生中的一个重要环节。1968 年，春田学院的入学要求有高中学业成绩，校长或授课教师或辅导员的推荐信，SAT 成绩，学术资格评估，个人资格评估，健康证明，个人面试情况说明，写作样本，推动青年、社区和国家服务领域的职业发展的积极性等，另外，申请者如果是校友的子女，在同等条件下则会被优先考虑。东密歇根大学于 1965 年开始第一次要求提供 SAT 成绩，另外，还需毕业

---

① LAWSON H A. Renewing the core curriculum［J］. Quest，2007，59（2）：219-243.

证书、高中学业证明、高中校长推荐信、学术资格评估、个人资格评估等，对卓越的学生会实行提前录取。

到了 20 世纪 70 年代前后，为了让少数族裔也有机会接受高等教育，虽然测试分数、班级排名和性格等条件仍然是重要的招生标准，但入学要求稍微有所放松。例如，欧柏林学院的入学要求为高中学业成绩、学术资格评估、个人资格评估、健康证明、SAT 成绩、高中校长推荐信等，但对于少数族裔的申请者来说，SAT 分数和高中排名等条件可以稍微放宽松一些。东密歇根大学的入学要求包括毕业证书、高中学业证明、高中校长推荐信、学术资格评估、个人资格评估、SAT 成绩等，但对少数族裔的申请者也降低了标准，并为他们提供了试用录取等特殊的机会。

入学要求在这一时期越来越严苛，但是针对少数族裔申请者的入学要求，又有所降低和放松。因此，总的来看，这一时期的大学提高了入学标准，但也具有一定的灵活性。

四、专业设置

随着对中小学体育教师需求的急剧减少，加上预期上学的儿童数量的减少，各大学院系纷纷制订了替代的学位计划，将重点放在分支学科领域或“非教学”领域[①]，这些非教师教育轨道主要是为那些希望将注意力集中在体育学科研究上的学生而设计的，而不是为希望成为学校的教师或教练员的学生而设计的。

另外，随着公众健康意识的增强及各种健身俱乐部的日益普及，运动康复治疗中心和医疗机构、疗养院等也逐渐被人们所接受并认可，这

① CORBIN C B. The field of physical education: common goals, not common roles [J]. Journal of Physical Education, Recreation & Dance, 1993, 64 (1): 79-87.

使得体育相关专业的毕业学生有了更多的职业选择机会，专业设置也相应地随着社会的需求变化而有所转变。1961 年，东密歇根大学有体育教育专业和休闲专业，发展到 1980 年时东密歇根大学的体育专业更名为“健康、体育教育、休闲和舞蹈”，隶属于教育学院，增加了健康专业、舞蹈专业及运动专业等，到了 1986 年时又增加了休闲和公园管理、治疗性休闲和运动医学等专业。早期的萨金特健康体操馆被合并进入波士顿大学以后，就在教学及培养范围上扩大了，在 1951 年加入了物理治疗，于 1960 年又增加了治疗性康复，1963 年增加了职业疗法，1966 年开设了物理治疗研究生项目。1970 年，纽约州立大学布罗克波特学院（State University of New York，College at Brockport）开设了运动科学本科专业。俄亥俄大学和马萨诸塞州的阿姆赫斯特大学开设的运动管理专业获得的成功也鼓励了其他学校开设类似的专业。

1967 年舞蹈专业被增加到 50 个，除此之外，还有 63 个办学机构提供了专门的舞蹈课程，20 个办学机构提供舞蹈辅修课程，29 个学校提供暑期学校的舞蹈课程。到 20 世纪 80 年代初，舞蹈专业的数量增加得更多，美国健康、体育、教育、休闲和舞蹈联合会的舞蹈协会（The National Association of Dance of AAHPERD）发布的统计数据显示舞蹈似乎是行业内增长最快的一个专业。①

到 1980 年，体育教育开始在高等教育中寻找自己的身份认同和定位。美国所有优秀的办学机构的研究生课程都提供除教师教育专业以外的其他专业，如运动生理学、生物力学、运动史、动作发展、体育社会

① LEE M．A history of physical education and sports in the USA［M］．New York：Wiley，1983．

学、运动心理学、运动管理、运动哲学及适应性体育活动和教育。[①]高等体育教育的学术地位和声誉在这些分支学科研究的推动下逐渐形成和建立起来，有力地回应并推翻了当年科南特关于体育研究毫无价值的言论。

由于高等教育办学机构中的学科专业越来越多，为了对学科专业进行管理，美国教育部的国家教育统计中心（U.S. Department of Education National Center for Education Statistics）于 1980 年开始研发制定学科专业目录［Classification of Instructional Programs（CIP）］，用于他们的综合高等教育数据系统［Integrated Postsecondary Education Data System（IPEDS）］。该学科专业目录将美国高等教育中的学科和专业进行分类，因其具有一定的严谨性、科学性和规范性，现已得到广泛使用，美国联邦政府、大学和各认证机构都采用这种分类方式对学科专业进行管理，教育部、美国科学基金会、商务部和劳工部也将其作为一定的参考标准。该学科专业目录分别于 1985、1990 年被修订过，以后则一般每 10 年被修订一次。[②]美国学科专业目录将学科专业分为三个级别：2 位数代码、4 位数代码和 6 位数代码。其中 2 位数代码类似于大学里的学院，范围最大；4 位数代码是内容相似的学术项目组；6 位数代码是具体的高等教育教学计划和专业。美国的体育学相关专业分布于不同的学院和 2 位数代码中。1990 年发布的关于体育学相关专业在学科专业目录 CIP-1990 中的代码分布如表 5-1 所示。

---

① MASSENGALE J D，SWANSON R A．The history of exercise and sport science［M］. Champaign：Human Kinetics Publishers，1997.

② National Center for Education Statistics（NCES）．Classification of Instructional Programs（CIP）［EB/OL］．［2019-05-18］．https://nces.ed.gov/ipeds/cipcode/Default.aspx?y=55.

表 5-1 体育学相关专业在学科专业目录中的代码分布（CIP-1990）

代码	一级学科	代码	二级学科	代码	三级学科
13	教育	13.13	教师教育、特殊学术及职业专业	13.1314	体育教育教学和教练
31	公园、休闲娱乐及健康研究	31.05	健康与体育教育/健身	31.0501	健康与体育教育、综合
				31.0502	适应性体育教育/治疗康复学
				31.0503	运动防护与运动医学
				31.0504	运动与健身管理
				31.0505	训练科学/生理与运动研究
				31.0506	社会心理学运动研究
51	健康职业和相关科学	51.22	公共卫生	51.2207	公共卫生教育与促进

在这一时期，体育相关专业的分布主要集中于教育，公园、休闲娱乐及健康研究，以及健康职业和相关科学三个领域。

另外，除了在数量上的增加和类型上的规范外，体育专业还引入了全美国的权威性认证机构对专业项目进行认证，从而提高了专业标准和办学质量。例如美国健康教育、体育教育、休闲娱乐和舞蹈协会在这一时期接受美国教师教育国家认证委员会（National Council for Accreditation of Teachers Education，NCATE）作为体育教师的认证机构，认可 NCATE 所批准的体育教育项目。从 1964 年开始，州教育部门对认可机构或专业的毕业生颁发体育教师资格证书，也只有这些毕业生能被聘为体育教师。1978 年美国的《业余体育法》要求运动教练必须进行资格认证，美国教练教育国家认证委员会（National Council on Accreditation of Coaching Education，NCACE）也开始了对教练专业的办学机构进行质量评估和认证，保障了运动教练专业的培养质量。1986 年美国公园休闲与旅游专业认证委员会开始对休闲娱乐专业进行质量的评估和认证，促进了该专业的规范化发展。这些专业认证对美国高等体育教育的专业发展来说起着至关重要的推动作用，保障了专业发展的质量提升。

总的来说，高等体育教育的专业发展自 19 世纪及 20 世纪以来，甚至自第二次世界大战以来，已经发生了翻天覆地的变化。[①]

五、课程设置

20 世纪中期，美国与苏联开展起了“太空竞赛”，这带来了美国高等教育的变化，也带来了体育领域的课程和培养目标的变化。在这一时期，高等教育在其评价体系中增加了对教师的学术研究能力、研究成果和获得研究基金资助能力的重视，而降低了对教师的教学能力和社会服务能力等方面的要求。在体育领域，1963 年哈佛大学前校长直言不讳地说体育教育专业地位低、知识含量低、科学原则不健全。这些批评引起了体育教育领域的危机感，1964 年亨利教授提出了体育是一门学科，并确定了训练科学、动作行为学和生物力学等几个分学科领域。体育教育也开始像其他学科一样通过研究探索新的知识。对研究的重视、学科专业化的发展等都对体育学领域的课程变革产生了一定的推动作用，对体育领域的教学内容、课程结构和教学质量有显著的影响。

另外，体育学本科专业课程的改革也受体质健康的影响，体育教育领域在蓬勃发展的健身行业有了新的职业机会，整个领域可以选择更多的新兴替代职业，如运动训练、健身专家、运动管理和适应性体育教育等领域，这促使更多的学生选择将体育学作为专业，也推动了课程的快速改革。

---

① LEE M. A history of physical education and sports in the USA［M］. New York：Wiley，1983.

这些改革主要体现在以下几个方面。第一，增加了科学课程。体育专业领域课程在基础科学课程方面继续加强，在生物科学、社会科学和人文科学等各分支学科领域的课程持续增加，整体的课程内容变得更为“科学”。另外，美国在这一时期出现了新的健康问题，如肥胖、久坐不动的生活方式、酗酒、吸毒或滥用烟草以及学校和社区暴力等，这也迫切需要建立在可靠的科学证据基础上的高质量体育健康知识来加以解决。第二，增加了专业教育课程。加强对未来体育教师“文化”教育的培养，已经成为这一时期体育领域学者的共同呼声，文化教育的深入学习和培养不仅可以提升学生的培养质量，也可以帮助他们在未来的就业岗位上获得学生、同事、领导和其他社会成员的尊重和认可。第三，加强了对跨学科课程的重视。强调跨学科知识的课程导向也是这一时期体育教育专业的发展趋向之一，未来解决体育领域中共同的社会问题，必须依赖于对跨学科知识的理解和应用，也只有将各学科知识联合起来，才能更好地去应对更为复杂的挑战和问题。第四，随着体育学领域的扩大，这一时期也出现了对体育核心课程理论与实践的关注。学者逐渐认识到运动机能学是学科基础，因为它可以为学生提供广泛的知识和技能，这些知识和技能不仅可以培养学生成为成功的中小学体育教育者，还可以培养他们成为社区健康中心、医院、康复中心、企业和各种体育机构中运动、体育和锻炼的领导者。

例如，伊利诺伊大学香槟分校的体育教育专业在 1973 年时将课程类型分为通识教育、专业教育和专业体育教育。其中通识教育占 56～61 个学分，包括语言艺术、自然科学、心理学导论、美国史、美国政府（州和联邦宪法）、数学、人文学等课程；专业教育占 25 个学分，包括专业教育定位、中等教育原理、教育心理学、教育的历史和哲学、教学技巧、儿童成长与发育、教育实践等课程；男子专业体育占 48 个学分，包括篮球、橄榄球、健身项目、游泳、体操、摔跤、棒球、田径、运动选修、交际舞、运动损伤的治疗和预防、运动机能学、人体运动生理学等课程。

在修业时间上，1968 年美国体操联合会师范学校要求学生在毕业时修完 122～124 个学时；欧柏林学院要求修完 124 个学时；春田学院要求修完 130 个学时；密歇根州立师范学院要求修完 124 个学时，其中 42～45 个学时必须是体育教育和健康专业领域的课程。1973 年伊利诺伊大学体育教育专业的学生毕业时需要修完 132 个学时。关于修业年限，美国体操联合会师范学校合并入印第安纳大学后，也随着时代的发展而不断变革，始终保持着较高的办学标准，它采取了一系列的措施使学生完成为期四年的学习课程，从而获得大学的学位。在四年制的课程中，繁重的科学学术要求加上繁重的体育活动要求，有些人提出当要求所有体育专业的学生不仅要完成专业课程的学习，还要完成一个完整的学术课程学习时，可以将本科修业年限延长至五年。[①]南加州大学体育系主要的专业课程变化就发生在 1955—1975 年，该校在 1964 年，用标准的中学教学认证替代了专门的和通用的教学认证，中学专业标准教学资格证书开始有效，所有教师候选人要求必须学习够五年。

简而言之，这一时期各个办学机构的课程设置不尽相同，由于体育学科的提出和发展，课程内容相对上一时期也有较大的变化，人们开始呼吁建立更加统一和健全的课程知识体系，并在不同学科背景，如生物科学、社会科学和人文科学及体育领域的专业性方面之间取得更大的平衡。另外，专业培养课程还需要实施“能力方法”的教育可能性，在统

---

① LEE M. A history of physical education and sports in the USA［M］. New York：Wiley，1983.

一的课程中为专业化开发各种合理的选择。[①]

六、师资情况

在这一时期，高等教育的变革影响了高等体育教育师资的发展情况。在学历上，从 1960 年开始对任职资格教师的最低要求进行了限定，所有初任教师都必须持有学位证。在数量上，随着体育专业本科和研究生项目数量的增加，越来越多的教师加入体育专业领域中来。

印第安纳大学在 1965 年有 10 名教师，其中有 1 名博士、8 名硕士、1 名学士。得克萨斯农工大学健康和体育教育系的教师从 1967 年的 13 人，发展到 1973 年时的 22 人，其中包括 5 名兼职教师；到了 1979 年，学院的教职工总数增加到了 55 人；发展到 1987 年时，已经有了 67 名教师，其中有 24 名是少数族裔的教师。

在高等体育教育中，技术的变革、部门标识的改变和大学政治的变化显著地改变了体育教师的学术维度，大学开始重新定义教师的性质和作用，使其更加注重科学研究、学术生产力研究和跨学科研究。[②]对学术研究的重视也引发了高校教师个人兴趣的转变，教师对学科发展的研究越来越深入。运动训练、运动生物力学、运动生理学和运动心理学等发展为体育领域的分支学科，这些学科的专业化程度越来越高。此外，学科的继续深入发展也带来了在联邦基金资助、拨款、实验室建立、研究补助金、文章发表等方面的内部竞争，限制了那些不能获得资金资助和没有能力发表文章的教师们的发展前途。

---

① ZEIGLER E F. Undergraduate professional preparation in physical education from 1960 to the present［R/OL］.［2019－04－27］. https://eric.ed.gov/?id=ED265100.1985.

② RAZOR J E，BRASSIE P S. Trends in the changing titles of departments of physical education in the United States［M］. Champaign：Human Kinetics，1990.

在这样的高等教育和高等体育教育环境下，体育教育领域的师资中容易获得研究基金资助的运动科学相关专业的教师数量越来越多。例如，运动生理学的教师在体育学领域的教师结构中占有较高比例，在威斯康星大学的 19 名体育学教师中，就有 5 名是运动生理学专业的教师。相反的是，那些不容易获得研究基金资助的体育人文学科，如教育学、历史学或社会科学的教师比例逐渐下降。

总的来看，这一时期，高等体育教育领域的教师经历了诸多变化。从 20 世纪 60 年代开始面临着新的责任标准（如研究成果）的挑战，随着高等教育就业市场的严峻，办学机构也面临着重新配备教师的问题。到了 20 世纪 80 年代，教师职位因经费不足而逐渐减少，机构因内部研究经费枯竭而继续重组教职员，以提高教学水平。在大型研究型大学中，教师的跨学科专业有所增加，但是在规模较小的院校中，因为教师的研究和出版压力较小、教学和培训工作量较大，教师仍然需要开展广泛的基础教学。教师之间存在着的跨学科以及分支专业的分裂现象也日趋明显。另外，由于高等教育中的财政不足问题，终身教职的数量也呈现减少的趋势。①

七、学生情况

这一时期前 20 年，由于 1965 年颁布的《高等教育法》（*Higher Education Act*）及后续一直在该立法基础上不断修订的《高等教育法修正案》等设置了“佩尔助学金”等学生资助体系，加之第二次世界大战时期“婴儿潮”的孩子们到了上大学的年龄及大学的录取比例增加，大学的在校学生人数持续攀升。以密歇根州立大学为例，1969 年的秋季入

① ZEIGLER E F. Undergraduate professional preparation in physical education from 1960 to the present［R/OL］.［2019-04-27］. https://eric.ed.gov/?id=ED265100.

学人数将近 41000 人，到了 1979 年增加到大约 45000 人。随后，由于“婴儿潮”时期出生的孩子们上大学的年龄已过，以及面临的一系列经济危机，在校人数有所下降，到 1989 年秋季时该校的注册人数下降为 42866 人。

在整个体育领域中，人数的变动也与上述趋势一致。1979 年得克萨斯农工大学健康教育专业的学生有 160 人，体育教育专业的学生有 535 人；发展到 1981 年时，健康教育和体育教育专业的学生共有 732 人；到了 1988 年，健康教育专业的学生大约有 300 人，体育教育专业的学生大约有 500 人。但是因为这一时期对科学研究和学术的重视，各个相关专业的学生人数分布有所不同。那些容易获得研究基金资助的运动科学相关专业的学生数量越来越多，如运动生理学专业吸引的学生比其他专业多，威斯康星大学运动生理学专业的学生占所有学生的 40%。相反，不容易获得研究基金资助的人文社科专业，毕业薪酬也较低的专业，如体育历史学、体育教育学的学生入学人数下降。

另外，值得注意的是，这一时期攻读体育学研究生的学生不再主要源于体育学本科的相关专业，而是越来越多地源于其他专业，如生物学、医学、历史学、社会学、心理学等本科专业的学生选择考取体育学研究生。这些学生的生源质量较好，虽然提升了体育学的专业人才知识水平，提高了体育学的声誉，但是也导致了进入体育学领域的其他专业人才可能并不是特别了解这个领域。

第三节　美国高等体育教育学科化发展时期的发展特点

这一时期的发展对于整个高等体育教育的发展具有非常重要的意义。美国高等体育教育进行了自我反思与变革，体育学科的提出和建设对整个体育领域及其历史进程具有实质性的推动作用，推动了体育从专业或职业向体育学科转变，提升了体育在高等教育中的地位。总的来看，美国高等体育教育在学科化发展时期呈现出以下发展特点。

首先，办学机构规模较大，男女系合并办学。美国高等体育教育办学机构在这一时期已经有了 600 多所院校，办学规模较为庞大。曾经男女分开办学的体育院系，在这一时期渐渐合并，接受统一管理。培养目标也发生了显著的变化，从培养中小学体育教师转变为培养注重体育教育学术研究的科学家。在入学要求上也增加了对成绩排名和学术能力倾向测试的要求，入学要求越来越严苛。

其次，专业数量越来越多，管理趋向于规范化。高等体育教育办学机构中体育领域相关专业进一步增多，范围更加广泛。这一时期研制的学科专业目录将高等教育中的专业分门别类，将专业设置的管理推向了规范化的发展道路，也将体育学科的专业进行了分类，主要分在教育，公园、休闲娱乐及健康研究，以及健康职业和相关科学三个大的专业类别中，这使得体育专业设置更加清晰明确，管理逐渐规范。认证机构对专业的评估推动了专业的质量化发展。

再次，课程发生了科学化变革，专业教育课程增加。在这一时期学科危机的影响下，体育专业教育高度重视科学课程，美国高等体育教育的学科科学化程度提高。为了增加体育专业人员的“文化教育”，专业教育课程也有所增加；另外，在这一时期也出现了将各类科学课程联合起来组成跨学科的知识和课程的一种新趋势。在这一时期，课程知识体系形成，课程标准化和专业化进一步得到提升。课程的修业时间基本稳定在了四年到五年的时间，专业人才的培养质量也得到了提高。

最后，师生规模持续增长，专业结构分布呈现出分化的趋势。越来越多的教师进入体育专业教育领域，教师和学生的规模不断加大。持有学位证已经成为教师的必备条件。在美国联邦政策的影响下，高等体育专业教育师资的多样化也日趋明显，教师研究成果增多。最重要的是，教师和学生的专业结构均出现了新的变化，容易获得研究基金资助的运动科学专业的师生逐渐增多，不能获得或较难获得研究基金资助的人文科学专业的师生减少，专业结构的分化已经日渐凸显。

总的来说，最初高等体育教育因为课程在高等教育中缺乏学术严谨性而受到批评，随后其创建和组织了自己的知识体系，确立了体育的科学基础，奠定了体育的学科地位，使体育教育在高等教育中逐渐获得了尊重。在人才培养目标上，体育教育领域从完全专注于为儿童和青少年提供教学服务的领域发展为所有人群提供多种服务的领域；在培养体育行业实践者的基础上，增加了对未来体育领域科学家的培养，开始了对科学研究的重视，对新知识的探索，美国联邦研究资金的资助也开始在体育领域发挥影响力。体育教育向体育锻炼和运动科学转变，体育学领域的子学科也逐渐扩展，并且进一步专业化。这个时期各种协会主办的会议为体育专业的发展和体育专业的人才培养起到了一定的促进作用，提出了一些标准化和专业化升级的方法，提高了办学机构中大多数体育教师专业培养水平。

第六章 美国高等体育教育演进为运动机能学时期

1990—2020 年为美国高等体育教育演进为运动机能学时期。这一时期，从 1990 年开始，“运动机能学”就逐渐成为替代“体育教育”的新的体育专业名称术语，一些体育院系和组织协会的名称也都将曾经的“体育教育”名称更改为“运动机能学”，美国国家科学研究委员会将运动机能学纳入“生命科学”研究生项目分类中，作为美国体育学博士学科评估的统一学科名称。运动机能学名称的改变也是美国高等体育教育发展史中一项重大的变革事件，因此，本书将运动机能学在体育领域逐渐被全面展开使用的 1990 年作为演进为运动机能学时期的起始点。

第一节 美国高等体育教育演进为运动机能学时期的历史背景

一、信息化社会的发展

在这一时期，由于信息技术的快速发展，美国逐渐由工业化社会向信息化社会转变，在全球化进程的影响下，各领域产业呈现出一片繁荣的景象，美国进入了知识经济快速发展的新时代。另外，信息技术的变革也带来高等教育的改变，各种信息技术被融合到高等教育领域中，对大学的管理方式、教师和学生的学习生活交流等各个层面都带来了前所未有的改变。科技的进步也带来了对教育的重视，美国把国家的发展战略从经济领域转向了教育领域。

二、高等教育中自然科学受到重视，人文学科出现萎缩

在高等教育方面，大学学生人数大幅度攀升，到 1990 年时，美国大学的入学人数已经达到了 1280 万，高等教育也面临着巨大的挑战。公立大学的财政资助逐渐减少，来自州政府的财务支持还不到之前的 20%。①高等教育机构面临着从多种渠道寻求资金资助的压力。也正是因为研究基金能够带来财政上的帮助，高等教育机构开始将基金拨款作为衡量成功的标准，在高等教育机构中，相对于本科教学和服务项目而言，加强了对顶尖研究和研究生教育的重视。②另外，对“顶尖研究”的强调也削弱了“非科学”项目的活力，包括人文学科及与专业教育和服务职能相关的项目，这导致与科学相关的学科取得了成功，而人文学科却出现了萎缩，这个现象对于大学的所有教育领域都是如此，而不仅仅是体育教育领域。③

三、学校体育课程减少

在这一时期，根据美国健康与体育教育者学会的最新数据显示，有

---

① LAWSON H A. Renewing the core curriculum [J]. Quest，2007，59（2）：219–243.

② SYKES C J. Profscam：Professors and the demise of higher education [M]. Washington D C.：Regnery Gateway，1988.

③ CORBIN C B. The field of physical education：common goals，not common roles [J]. Journal of Physical Education，Recreation & Dance，1993，64（1）：79–87.

74%的州要求学生从小学到高中都要接受体育教育，但是有 28 个州允许学生申请豁免，且只有 22 个州规定了具体的体育教育时间，只有 10 个州为体育专业的发展指定了专项资金，只有 6 个州要求每个年级都要接受体育教育，只有 3 个州达到了国家建议的体育教育时间标准。大学生参加体育活动的数据表明，在美国只有不到 40%的大学要求学生需参加任意类型的体育活动才能毕业。可以看出，美国的大、中、小学关于体育教育课程的要求均有所放松。

四、体力活动对健康的促进

美国疾病控制与预防中心的调查显示，超过 50%的人群没有达到推荐的体育活动运动量，从事有规律的业余体育活动的人群不到 1/3。[①]这一时期出现的体力活动可预防疾病和促进健康的观点备受关注。1996 年，《体育活动与健康：卫生总署的报告》（*Physical Activity and Health: A Report of the Surgeon General*）[②]指出在日常生活中进行一定的体力活动可以促进健康，提升生活质量，但有 60%的成年人没有达到推荐的体力活动量，有将近 50%的青年人不进行积极的运动，只有 19%的高中生每天参加 20 分钟以上的体育活动。这份报告的发布引起了美国各界对体力活动的重视，也带来了高等体育教育发展的新机遇。

随后，各类关于体力活动和健康之间关系的研究逐渐增多，这些研究确定了体力活动的重要性和价值。美国国家健康报告——《健康公民 2000》《健康公民 2010》《健康公民 2020》也进一步从国家层面明确了体

---

① HOFFMAN S J. Introduction to kinesiology: studying physical activity [M]. Champaign: Human Kinetics, 2013.

② U. S. Department of Health and Human Services. Physical Activity and Health: A Report of the Surgeon General [R/OL]. [2020-01-20]. https://www.cdc.gov/nccdphp/sgr/pdf/sgrfull.pdf.

育活动对健康的贡献，并提出了体力活动的推荐标准和要求，呼吁美国人参与体力活动，从社区、学校和工作场所等环境中为体力活动创造有利的条件。[①]通过体力活动改善身体健康、预防疾病也成为美国科学家和公众的共识。另外，营利性的健康俱乐部、健身中心及非营利性的体育俱乐部开始增多，马拉松赛事逐渐流行，参与健身的会员也大幅度增长，这也说明人们的健康意识也越来越浓厚。

在学校体育方面，体育教师的主要职责从之前的体育教学逐渐向健身运动和课外体育活动的监督和管理方向转变。教学内容更加注重健康教育，而不是体育教育，更注重简单的身体活动和体育游戏的运动方式，而不再重视运动技能的传授。体育教师成为体育活动的协调者，学校的体育课程也从以教育为目的转向了以公共健康为目的。

五、体育学领域的变化

近年来体育学领域发生了很多变化。其一，“运动机能学”逐渐成为该领域的统称，很多组织及办学机构更名时都用到了“运动机能学”一词；其二，美国国家科学研究委员会承认运动机能学是学术学科；其三，全美国高等教育机构中运动机能学本科专业的学生人数出现了前所未有的增长，运动机能学成为这一时期较为受欢迎的专业；其四，运动机能学专业本科学生的职业兴趣发生了改变，学生对健康领域的职业兴趣增加，如运动防护、物理治疗、职业治疗等成为学生常选择的职业，而对传统的体育教育、健身指导等职业的就业兴趣显著减少。

---

① Healthy people 2020［EB/OL］.［2019－11－10］. https://www.healthypeople.gov/2020/topics–objectives.

第二节　美国高等体育教育演进为运动机能学时期的概况

一、办学机构

这一时期的体育专业教育在高等教育机构学术部门中被统称为运动机能学，它已经发展成为一个成熟的学科，包括许多专门的研究领域，从不同的角度研究身体活动的原因、过程、结果和背景，应用了来自艺术、人文、科学等多学科专业领域的知识、研究方法和原则。

目前，美国开设运动机能学相关专业的高等教育办学机构共有856所，其中可授予本科学位的机构有806所，可授予硕士学位机构有276所，可授予博士学位的机构有75所。[①]大多数运动机能学系现在隶属于健康科学学院、公共卫生学院、教育学院或人文科学学院。[②]在地理分布上，美国50个州都有可授予运动机能学本科学位的机构，其中办学机构数量较多的州分别为得克萨斯州（51所）、加利福尼亚州（50所）、北卡罗来纳州（41所）、宾夕法尼亚州（37所）和俄亥俄州（34所）等；办学机构较少的州则只设置了一所机构，分别为阿拉斯加州、内华达州和怀俄明州。上述办学机构较多的州也是美国各州国内生产

---

① American Kinesiology Association. Kinesiology institution database［EB/OL］.（2019-01-01）［2019-05-14］. http://www.americankinesiology.org/SubPages/Pages/Kinesiology%20Institution%20Database.

② BASSETT D R，FAIRBROTHER J T，PANTON L B，et al. Undergraduate enrollments and faculty resources in kinesiology at selected US public universities：2008–2017［J］. Kinesiology Review，2018，7（4）：286-294.

总值排名较高的州，即经济较为发达的地区，这可能与美国很多教育的财政支持来自当地的财政税收有关，因为运动机能学专业的开办也受经济因素的影响。

运动机能学这一名称的采用，与强大的科学基础相结合，带来了该专业本科生数量的大幅增长。从 2003 年到 2008 年，运动机能学专业的本科生人数增长了 50%，有 2.6 万多名，成为美国大学中发展最快的专业之一。[①]虽然美国运动机能学专业总体上呈现繁荣的景象，但是也出现了办学机构中运动机能学相关专业被取消的问题。例如，佛罗里达州立大学暂停了本科体育教师教育项目[②]，内华达州拉斯维加斯大学取消了运动教育系，亚利桑那州立大学淘汰了运动机能系。在这个繁荣和灭亡共存的时期，美国学者纷纷对运动机能学办学发展提出自己的建议[①,②]。在同样的时期，为什么有些项目可以蓬勃发展，而有些项目却面临取消的风险？这是高等教育机构中运动机能学专业的管理人员应该考虑的问题。

运动机能学项目在办学机构中被取消的因素有很多，第一个因素应该是经济方面的因素，在经济困难时期，公共机构由于面临着重大的预算削减问题，会暂停一些项目的计划；第二个重要的因素就是运动机能学内部的运动科学和体育教育部门的组织结构发生了变化，由此产生的分裂造成了竞争力下降，如运动科学专业的教师转入其他营养和食品科学专业，运动心理学专业的教师加入教育心理和学习系统专业，体育教

---

① IZA W. A Quickly Growing Major［EB/OL］.（2010－08－11）［2019－05－14］. https://www.insidehighered.com/news/2010/08/11/quickly-growing-major.

② REEVE T G. Assessment，accreditation，and accountability：using the A-list to promote kinesiology programs in higher education［J］. Quest，2010，62（1）：15－34.

育专业的教师加入了教育学院。[①]这些体育相关专业加入其他学科或学院后，不仅削弱了体育学专业之间的协同作用，而且增加了自身适应性的难度，导致体育学领域越来越小，失去了其本身所具有的优势和竞争力。另外，到了新的学术部门，教师和部门之间的融合性也存在一定的困难。例如，田纳西大学、佐治亚大学将体育学专业分散到其他学院时，发现这种专业外流，既不利于教师的发展，也不利于各学术部门的发展，最终还是让这些专业回到了体育学学术部门。

有学者建议体育院系的管理人员应该了解该院系或专业是如何被评估的，以确保该专业或院系在竞争中持有自身优势。另外，时任美国运动机能学协会主席的 Thomas J. R. 教授认为运动机能学是当今最流行的研究领域之一，运动机能学相关专业深受学生欢迎，需要利用这个机会使之蓬勃发展，而不是将其分裂成一个个小单位，使之在困难时期易遭淘汰，应在学位、项目和部门方面，将其规模创建得越大越好[②]。一般认为，小的院系存在着生存的风险，而大部门比小部门更好、更强大[②]。美国著名体育学者 Reeve T. G. 对于美国运动机能学办学机构的建议是不仅要生存，而且要繁荣，明确什么是有效的，什么是无效的，这种能力对运动机能学专业的发展将是至关重要的。[③]对于美国运动机能学办学机构来说，虽然经济因素对运动机能学的发展起着非常重要的作用，但其不利影响也并非不可避免。在经济紧张时期，财务、规划和行政决策

① HOFFMAN S J. Physical education program at Florida State Victim of Budget Crunch [J]. Kinesiology Today，2009，2（3）：1-4.

② THOMAS J R. In kinesiology programs，like football offensive linemen，“bigger is better” [J]. Kinesiology Today，2009，2（2）：9-10.

③ REEVE T G. Assessment，accreditation，and accountability：using the A-list to promote kinesiology programs in higher education [J]. Quest，2010，62（1）：15-34.

可能对运动机能学专业产生潜在的影响[①]，地方性的一些问题也会影响办学机构的发展规划，但只要将运动机能学通过跨学科，多个相关领域的协同配合，把运动机能学相关领域的各个子学科团结在一起，将运动机能学作为整体学科向前发展，就可以使所有利益相关者获得最大的收益[②]。

二、培养目标

美国高等体育教育领域的培养目标从单一的培养教师转变为多学科的研究已经成为越来越明确的事实。本书根据美国运动机能学研究院于2015年发布的美国大学体育学科博士点的评估结果，选取了排名前30位的美国大学运动机能学院系，对这些学校的办学目标进行了话语分析，发现这些学校在目标中强调了创新知识、追求卓越、跨学科、领导者与领导力等思想。基本上所有被调查的美国大学体育院系都在其使命宣言中重点提及了知识的创新、传播及应用，在对知识的教学或教育等相关描述中，在系统知识传播及传授的基础上，都无一例外地将创造、创新和发现知识放在了首要位置。由此可以看出美国大学体育院系对创新知识的重视。具体来说，伊利诺伊大学香槟分校体育系就将促进和传播知识作为自己的核心使命[③]；南卡罗来纳大学体育系提出要发展、传播与体力活动和健康有关的知识体系[④]；得克萨斯农工大学体育系提出要通过创

① HOFFMAN S J. Are we witnessing a kinesiology bubble?［J］. Kinesiology Today，2010，3（2）：9，17.

② HOFFMAN S J. Fitness requirement at Lincoln Rescinded in face of torrent of criticism［J］. Kinesiology Today，2010，3（1）：19–21.

③ The department of kinesiology and community health：mission［EB/OL］.［2019–07–16］. http://kch.illinois.edu/history.

④ The mission of the Department of Exercise Science［EB/OL］.［2019–07–06］. https://www.sc.edu/study/colleges_schools/public_health/study/areas_of_study/exercise_science/index.php.

造和传播知识来为世界做贡献[①]；北卡罗来纳大学教堂山分校体育系提出要发现、创造和促进知识[②]；奥本大学体育系提出要促进知识[③]；马萨诸塞大学阿默斯特分校体育系提出要创造新知识[④]。

在美国大学体育院系的目标中，跨学科也是一个重要的办学思想。当前许多科学问题不能由单一学科来回答，而应该用结合多个领域的跨学科研究方法来解决，这已经成为科学界的共识。在体育学科中，关于健康和体力活动的问题一般被认为是研究体育活动的核心，这些问题因具有高度复杂性，需要基于团队的、跨学科的、问题导向的方法来解决。美国伊利诺伊大学香槟分校体育系将自己的目标定位为致力于健康、康复和人类运动研究的跨学科单位，是由健康、康复和人体运动组成的跨学科部门，教师们在跨学科研究中使用了各种方法，研究主题包括终身体力活动、社区健康、康复咨询、残疾、体育文化与教育等；特拉华大学体育系提出专注于跨学科的学术研究，专注于身体活动和健康以改善人类的身体状况[⑤]；印第安纳大学体育系提出通过综合性多学科方法来开展研究和创意活动、教学和社区参与，以期促进印第安纳州、美国和世界的个体和社区的健康；北卡罗来纳大学格林斯伯勒分校体育系提出将多学科研究结合起来；密歇根州立大学体育系提出要参与到跨学科合作研究中。

在培养目标中，这一时期对人才培养的范围更为广泛，且主要致力于

---

① The mission of the Department of Health and Kinesiology［EB/OL］.［2019－07－18］. http://hlknweb.tamu.edu/about/vision-history.

② The mission of the Department of Exercise and Sport Science［EB/OL］.［2019－07－18］. https://exss.unc.edu/home/our-mission/.

③ The mission of the School of Kinesiology［EB/OL］.［2019－07－18］. http://www.education.auburn.edu/kinesiology.

④ The mission of the Department of Kinesiology［EB/OL］.［2019－07－18］. https://www.umass.edu/sphhs/kinesiology/about-us/mission.

⑤ Strategic planning of the Department of Kinesiology & Applied Physiology［EB/OL］.［2019－07－18］. https://sites.udel.edu/kaap/strategicplan/.

培养具有领导力的体育专业人才。例如，东卡罗来纳大学体育系提出在本科生和研究生中培养知识渊博型的领导者；密歇根州立大学体育系提出培养在教育、体育领域中具有领导力的人；田纳西大学体育系提出培养锻炼、运动和休闲领域的学者、实践者和领导者；北卡罗来纳大学格林斯伯勒分校体育系旨在培养未来的从业者、教育者、研究者和体育学领域的领导者；印第安纳大学体育系鼓励教职员工和校友参与学术和专业团体，与世界各地的学者进行互动，并发挥领导力作用；艾奥瓦州立大学体育系提出培养研究生在体育领域中能够进行高级研究或获得领导者的位置；马萨诸塞大学阿默斯特分校体育系提出培养毕业生继续成为独立科学家，并在国内和国际上担任领导职务；得克萨斯农工大学体育系提出培养学生成为负责任的领导者；北卡罗来纳大学教堂山分校体育系也提出要培养领导者；佛罗里达大学体育系提出要持续培养影响体育领域的毕业生。

由上可知，培养领导者和具备领导力的人才是美国大学体育院系的又一重要的培养目标思想。这说明美国大学体育院系期望自身能在体育学领域发挥领导作用；美国大学体育院系将培养具有广泛思维并有远见的领导者或具备领导力的人才作为目标，这种新型的领导人才将使得体育学领域在应对社会问题时，具有更加灵敏的反应能力，发挥更加突出的领导作用。

三、专业设置

美国运动机能学协会认为运动机能学包括但不限于训练科学、运动管理、运动防护与运动医学、运动的社会文化分析、运动与训练心理学、健身领导力、体育教师教育、物理治疗、职业疗法和医学等健康相关领域的职前培训等研究领域。[①]美国运动机能学研究院认为运动机能学的专

---

① American Kinesiolgoy Academy. Definition of kinesiology［EB/OL］.［2019-05-15］. http://www.americankinesiology.org/SubPages/Pages/About.

业领域包括（但不限于）生物力学、身体运动心理学、运动生理学、身体运动的历史、身体运动测量、动作发展、运动技能学习与控制、身体运动哲学、身体运动和公共卫生、体育教育学、运动管理、运动医学和身体运动社会学。[①]这两个权威机构对运动机能学的定义涵盖了对其专业领域范围的界定，基本上包含了体育学领域的所有相关专业。

美国教育部的国家教育统计中心每十年修订一次学科专业目录，目前发布的最新修订版本是 CIP-2020。2020 年版的学科专业目录也可以让我们更清楚地了解权威机构对美国高等体育教育中运动机能学相关专业的具体划分情况，如表 6-1 所示。

表 6-1　运动机能学相关专业在学科专业目录中的代码分布（CIP-2020）

<table>
<tr><th>代码</th><th>一级学科</th><th>代码</th><th>二级学科</th><th>代码</th><th>三级学科</th></tr>
<tr><td>09</td><td>传播、新闻学以及相关专业</td><td>09.09</td><td>公共关系、广告和应用传播学</td><td>09.0906</td><td>体育传播学</td></tr>
<tr><td>13</td><td>教育</td><td>13.13</td><td>师范教育和职业发展、特殊学科领域</td><td>13.1314</td><td>体育教育和教练</td></tr>
<tr><td>26</td><td>生物医学科学专业</td><td>26.09</td><td>生理学、病理学以及相关科学</td><td>26.0908</td><td>运动生理学与运动机能学</td></tr>
<tr><td rowspan="6">31</td><td rowspan="6">公园、休闲娱乐、健身及运动机能学</td><td rowspan="6">31.05</td><td rowspan="6">健康与体育教育/健身</td><td>31.0501</td><td>健康与体育教育/健身，综合</td></tr>
<tr><td>31.0504</td><td>运动与健身管理</td></tr>
<tr><td>31.0505</td><td>运动科学和运动机能学</td></tr>
<tr><td>31.0508</td><td>运动研究</td></tr>
<tr><td>31.0599</td><td>运动、运动机能学、体育教育/健身，其他</td></tr>
<tr><td>31.0601</td><td>户外运动</td></tr>
</table>

① National Academy of Kinesiology. Definition of Kinesiology [EB/OL]. [2019-05-15]. http://nationalacademyofkinesiology.org/SubPages/Pages/What%20is%20Kinesiology.

续表

代码	一级学科	代码	二级学科	代码	三级学科
31	公园、休闲娱乐、健身及运动机能学	31.05	健康与体育教育/健身	31.0599	公园、休闲娱乐、健身及运动机能学，其他
		31.06	户外运动	31.0601	户外运动
51	健康职业和相关专业	51.09	联合健康诊断、干预和治疗专业	51.0913	运动防护
		51.22	公共卫生	51.2207	公共卫生教育与促进
				51.2208	社区卫生与预防医学
		51.23	康复及治疗专业	51.2309	治疗康复学/休闲治疗法
				51.2311	运动疗法/运动康复师

美国运动机能学协会的一项薪资调查中，受访者的学科代码分布显示：33%的人隶属于 31 公园、休闲娱乐、健身及运动机能学这一分类；32%的人隶属于 51 健康职业和相关专业；30%的人隶属于 13 教育这一分类；5%的人隶属于 26 生物医学科学专业这一分类。[①]另外，有学者对美国高校运动机能学相关专业的名称进行了分析，将其按具体的专业名称术语分为七大类：运动（sport）、体育教育（physical education）、运动科学［movement science(s)］、运动机能学（kinesiology）、健康（health）、训练（exercise）和其他（others），其中健康类的专业数量最多，共有 261 个，体育教育类次之，共有 172 个，运动机能学类的专业数量排第三，共有 145 个。[②]这些具体的专业数量，从侧面也反映出当今美国社会对体育学领域具体行业的不同需求。

① MAHAR M，CRENSHAW J T. AKA salary survey 2015［M］. Champaign，IL：American Kinesiology Association，2015.

② ČUSTONJA Z，MILANOVIĆ D，SPORIŠ G. Kinesiology in the names of higher education institutions in Europe and the United States of America［J］. Kinesiology，2009，41（2）：136－146.

在专业认证方面，美国高等体育教育领域继续加强对认证机构的引入。在这个时期体育产业快速发展，体育管理专业的数量急剧增加，体育管理专业的办学机构数量已经达到了 348 所，对专业进行规范化管理和质量提升的需求变得迫切起来。因此，这一时期从体育管理专业开始接受体育管理认证委员会（Commission on Sport Management Accreditation）的质量评估和认证等程序，以促进和保障专业的发展质量。到目前为止，美国高等体育教育领域的专业认证机构已经有 11 所了，它们对体育专业的质量起着非常重要的保障作用。

另外，对于具体专业来说，各个专业的发展现状和趋势有所不同。例如，运动生理学和动作控制等专业呈现出蓬勃发展的状态，而体育教育专业却面临着生存的危机。

对于运动生理学专业来说，它作为运动机能学的主要分支学科之一，既是运动机能学专业领域的核心知识基础，也是运动与训练的主要研究领域。其作为运动机能学领域的众多专业中发展较好的原因主要有以下两点：第一，运动生理学相关研究能够很好地与其他学科（如营养学、病理学、生物化学、流行病学等学科）相结合，从传统的实验室研究向转化医学的研究方向发展，满足了社会需求，解决了社会健康方面的问题，提升了人们的生活质量；第二，运动生理学相关的研究话题，例如肥胖等，较易获得美国联邦基金的资金支持，在竞争激烈的高等教育领域，随着项目数量的增加和领域的扩张，运动生理学专业仍能获得相对较为丰富的资源，保持其较高的生产率。①

运动机能学领域中另一个发展势头较好的专业为动作控制专业。作为一个新兴的学科专业，动作控制专业以后来者居上的劲头在运动机能

---

① JI L，DIFFEE G，SCHRAGE W. Challenges in Exercise Physiology Research and Education［J］. Quest，2008，60（1）：13－18.

学领域中占据了强有力的地位。例如，宾夕法尼亚州立大学的 7 个体育学相关专业在学位授予、资助资金、学术情况和师资情况等指标方面，动作控制专业在所有的各项指标中都是独占鳌头。①学者也对动作控制这个年轻而又充满活力的分支学科寄予了厚望，认为动作控制在未来一定能成为一个令人尊重的领域。①

但是，体育教育专业的发展状况却不容乐观，甚至可以说是岌岌可危。虽然它在过去的发展历程中获得了一些成就，但近年来该专业的学生人数和教师人数均呈现下降的趋势。②除此之外，该专业还面临着教师地位下降、财务经费紧张、受管理层重视的程度降低以及专业被取消等各种危机和困难。③有学者分析体育教育专业被取消的原因主要是学生人数减少后④，学校管理人员便开始质疑该专业存在的可行性。学者们认为如果学生人数增多，便不会出现取消专业这样的提议⑤。而进一步的研究发现，入学人数的下降，似乎是由选择体育教育职业的人数减少造成的，这是该职业几十年来面临的最严重的问题之一。另外，也有研究分析认为体育教育专业出现的危机还有四个方面的原因：第一，体育教育专业的学生上大学的费用急剧上升，代价高昂，但是毕业后工资低，成本效益不对等。第二，体育教学质量几十年如一日，创新性不足，体育教师的认可度

① LATASH M L. Motor control: the heart of kinesiology［J］. Quest，2008，60（1）：19–30.

② TEMPLIN T，BLANKENSHIP B，RICHARDS K. End of a golden era：The demise of a PETE program［EB/OL］.（2014–10–1）［2019–04–15］. http://www.pheamerica.org/2014/end-of-a-golden-era-the-demise-of-a-pete-program.

③ SUTCHER L，DARLLNG-HAMMOND L，CARVER-THOMAS D. A coming crisis in teaching? Teacher supply，demand，and shortages in the US［R/OL］.（2016–09–15）［2019–06–11］. https:// learningpolicyinstitute.org/product/coming-crisis-teaching.

④ RIKLI R E. Kinesiology：A “homeless” field：Addressing organization and leadership needs［J］. Quest，2006，58（3）：287–309.

⑤ LORUSSO J R，RICHARDS K A R. Expert perspectives on the future of physical education in higher education［J］. Quest，2018，70（1）：114–136.

低。第三，体育院系的关注重点向公共健康领域转移，课程重点有所变化，这影响了学生的专业选择。第四，体育学领域的名称更改为运动机能学后，不再将体育教育作为院系或专业的名称，加之宣传力度不够，这导致了体育教育专业辨识度下降。

总的来说，体育教育专业在美国范围内消失或衰退已经成为现实。

四、课程设置

课程是依据体育人才应具备的知识体系架构而设置的。[①] 体育专业人才不仅需要具备运动技能知识，而且还需要具备丰富的运动科学理论相关知识。课程的设置就是明确学生应该获得哪些知识，学生通过学习这些知识后所应具备哪些能力才可以为这个领域和行业做出贡献。

关于课程设置，美国体育领域的不同专业协会均制定了相应的课程标准指南。办学机构体育专业的课程可以基于这些专业协会，如美国运动医学会（American College of Sports Medicine，ACSM）、美国国家运动与体育教育协会（National Association for Sports and Physical Education，NASPE）、美国体能协会（National Strength and Conditioning Association，NSCA）、美国运动生理学家协会（American Society of Exercise Physiologists，ASEP）建议的课程标准指南来设定学生需要修的课程内容。其中，美国国家运动与体育教育协会在 1995 年制定了体育教师教育专业的课程标准，随后于 2001 年、2008 年、2017 年在此基础上对其进行了修订。对办学机构依据专业协会建议的课程标准指南进行课程制定的调查研究显示，29%的办学机构依据 ACSM 建议的课程标准指南制定课程，33%的办学机构依据 ACSM 和 NASPE 两个协会建议的课程标准指南制定课

① 黄义军．我国世界遗产地民族传统体育：武术非物质文化遗产保护传承研究[M]．北京：人民体育出版社，2019：202．

程，6%的办学机构依据 ACSM、NASPE 和 NSCA 三个协会建议的课程标准指南制定课程，8%的办学机构依据 ACSM、NASPE、NSCA、ASEP 四个协会建议的课程标准指南制定课程，5%的办学机构依据 NASPE 建议的课程标准指南制定课程。[①]

（一）课程类型

体育学科的发展和不断变化的就业市场促进了体育课程的发展。虽然不同院校的专业课程的设置各不相同，但是这些课程都有一些共性，一般包括通识课程（如语言类、历史、数学、科学和艺术类等课程）、专业课程（如运动科学、体育教育、动作分析和活动等课程）、选修课程或辅修课程、实习课程及证书课程等。

（二）核心课程

随着体育学相关专业的发展，作为专业根基的核心课程概念也随之出现。核心课程是对一个学科或研究领域的共同的认同，也是该领域具有标识性的知识系统，体现了人才培养的最重要的知识、最核心的技能和最基本的素养。它有助于为日益增多的体育学相关专业的学生提供一个共同的学科基础。这个重要的共同学科基础，一方面可以提醒从事不同职业的学生，尽管他们的专业不同，但他们属于同一个领域；另一方面，具有共同的基础可以使专业人员在需要团队实践的时候能够一起工作（如由运动心理学家、运动生理学家、运动教练组成的运动发展团队）。[②]

随着时代的变迁和社会的发展，每个学科领域的核心课程也在不断发生变革，以适应该领域新出现的问题、冲突和需求。虽然美国在管理体制上采用分权制，高等教育也是各州、大学实行自治管理，每一所大

---

① ELDER C L，PUJOL T J，BARNES J T．An analysis of undergraduate exercise science programs：An exercise science curriculum survey［J］．Journal of Strength and Conditioning Research，2003，17（3）：536－540．

② LAWSON H A．Renewing the core curriculum［J］．Quest，2007，59（2）：219－243．

学的课程设置都不相同，院系或专业的课程设置因其学科发展的侧重点、管理制度、师资组成等不同而有所差异，但是对于具体的学科和专业来说，因为其具有共同的领域特点和总体发展目标，有必要通过设置核心课程的方式来明确和规范整个领域所体现的价值追求、愿景和使命。核心课程可以为每一个主修这门学科的本科生提供一个共同的知识体系、价值观念、敏锐度和技能的基础。[①]

美国运动机能学协会提出："运动机能学不仅探索人类运动的生物学、医学和健康的相关方面，而且还探索心理学、社会人文等方面。"这为体育基本的知识范畴提供了参考。2006 年美国运动机能学协会的会议讨论了运动机能学的基本学术核心内容。随后，学者们又纷纷研究了确定运动机能学核心课程的必要性。美国运动机能学协会于 2009 年举办了一次全国性的研讨会，对运动机能学核心课程进行探讨，与会者普遍认为应该就运动机能学本科核心课程的基本要素达成共识，即就该领域的学生应该掌握哪些知识体系、能够做什么达成一致的意见。这为确定该领域人才培养的共性特征、核心知识体系和最基本的专业能力奠定了基础。2014 年美国运动机能学协会制定了运动机能学本科核心课程的组成部分，对体育学专业培养的学生应该具备的核心知识、能力和课程进行了明确，认为这些核心课程应该被包含在每个运动机能学本科学位的课程中。此外，美国运动机能学协会认为运动机能学的本科专业应该有一个共同的核心知识。共同核心建立了广泛的知识范畴，可以用来指导运动机能学教师，以检查和反映当前的教育期望、政策和实践。[②]美国运动

① LAWSON H A. Renewing the core curriculum [J]. Quest, 2007, 59 (2): 219-243.

② CHODZKO-ZAJKO W, TAYLOR E M, REEVE T G. The American Kinesiology Association core content for kinesiology programs: from concept to curriculum [J]. Kinesiology Review, 2018, 7 (4): 279-285.

机能学协会设立的核心课程包括四个核心课程元素和十项与核心课程元素一致的学习成果。其中四个核心课程元素包括与健康、福祉和生活质量有关的体育活动，体育活动的科学基础，体育活动的文化、历史和哲学维度，体育活动的实践。为了实现核心课程的目标，美国运动机能学协会还设置开发了一套与核心课程元素相配套和一致的学习成果样本，或学习成果建议。[①]

对于运动机能学核心课程要素一——与健康、福祉和生活质量有关的体育活动，美国运动机能学协会建议的学习成果是毕业生能够描述参与体育活动与健康、福祉和生活质量之间的关系，包括对当前体育活动指南和建议的详细解释；批判性地评价与体育活动有关的研究及其对健康和慢性病的影响；设计和评估促进健康和提高生活质量的体育活动计划。对于运动机能学核心课程要素二——体育活动的科学基础，美国运动机能学协会建议的学习成果是毕业生能够解释科学过程如何影响我们对体育活动的理解；描述体育活动潜在的科学基础；从科学的基础上批判性地评估有关体育活动的信息。对于运动机能学核心课程要素三——体育活动的文化、历史和哲学维度，美国运动机能学协会建议的学习成果是毕业生能够描述影响身体活动的社会文化和历史因素；表现出对文化多样性的欣赏，并做出道德决定；批判性地评价与体育活动的文化、历史和哲学维度相关的学术工作。对于运动机能学核心课程要素四——体育活动的实践，美国运动机能学协会建议的学习成果是毕业生能够表现出对体育活动的欣赏和承诺。核心课程和学习成果的开发和设计，旨在为体育院校开发出适合它们的课程和学习成果，有助于促进体育学相关专业的交流和各办学机构加强课程设置。

---

① CHODZKO-ZAJKO W. The American Kinesiology Association undergraduate core curriculum© [J]. Quest，2014，66（3）：288-294.

关于核心课程，美国运动机能学协会和体育学界有以下几点认识，即核心内容并不是要求所有部门都制定一套特定的核心课程；协会支持学术课程的地方责任概念，每个体育院系的课程应该包括什么内容应由当地的相关部门决定；核心课程内容的具体执行和实施在全美国各地区的体育学专业中可以有所差异[①]；各部门可以自由采用这些学习成果、修改它们或开发属于自己的成果[②]；根据学生的专业或职业目标或本系的重点，核心课程各部分的学习水平和深度可以有所不同，核心课程可通过一系列专注于美国运动机能学协会核心特定组件的离散课程来完成，也可以采用更“分散”的模式，将核心知识广泛地集成到整个课程的众多班级的课程中。[③]

就现状来看，美国体育院系和体育领域的学者专家们在课程设置和课程内容方面完全达成一致性还尚存难度，各个办学机构都有自己的课程设置结构和教学模式。不过单个院系在进行课程改革时，也会出现一些问题。之前的课程改革以“创可贴”的方法进行，对课程中注意到的问题领域进行讨论，并对这些领域进行改进。[②]

美国运动机能学协会为核心课程的设计提供了一个起点，为确保所有运动机能学专业的学生都能共享一个知识库提供了一个框架，这个框架通过确定任何运动机能学课程应该包含的元素来指导课程的发展，但是它允许灵活性的存在以满足个别项目的特定需求和目标。[②]这也说明了，如果核心课程要有代表性，就必须与时俱进，及时更新；且核心课

---

① NEWELL K M. Kinesiology：challenges of multiple agendas. Quest，2007，59（1）：5–24.

② CHODZKO-ZAJKO W，TAYLOR E M，REEVE T G. The American Kinesiology Association core content for kinesiology programs：from concept to curriculum［J］. Kinesiology Review，2018，7（4）：279–285.

③ CHODZKO-ZAJKO W. The American Kinesiology Association undergraduate core curriculum©［J］. Quest，2014，66（3）：288–294.

程的更新与该领域的其他重大问题是不可分割的。[①]核心课程的代表性也说明了对核心课程的每一个决定都相当于对整个领域的决定。如果核心课程发生了重大变化，这就意味着该专业的研究和实践领域发生了改变。因此，核心课程应该具有统一性、目的性和完整性。[②]

体育学的共同核心课程代表每个体育学本科学生将拥有的必要知识、技能和能力。[③]在这些共同的知识基础上，学生可以再深入地发展他们在体育学领域中所从事的职业和兴趣方面的相关知识和技能。[④]另外，专业设置的结构变化或学科结构的变化也会带来核心课程的变化，如新调整的体育专业可能会侧重于不同领域的教学和指导实践，这就需要一套量身定制的核心课程。[⑤]可以看出，发展到新的阶段后，体育学的核心课程成为一门学科制度化的表现，这也是一种根本性制度的变迁。

总的来说，运动机能学领域的课程同时具有综合性和多面性的特点，其核心课程在学科专业上具有共同性，它通过建立核心知识体系不仅促进了体育领域各相关专业和人才的团结统一，减少了分散，而且还增强了学生和教师在身份认同上的归属感。

五、师资情况

教师资源是衡量各高校教学质量的重要指标，在《美国新闻与世界

---

① LAWSON H A. Renewing the core curriculum [J]. Quest，2007，59（2）：219-243.

② LAWSON H A. Education for social responsibility: preconditions in retrospect and in prospect [J]. Quest，1999，51（2）：116-149.

③ LAWSON H. The American Kinesiology Association and the future of kinesiology [J]. Kinesiology Today，2010，3（1）：4-9.

④ CHODZKO-ZAJKO W，TAYLOR E M，REEVE T G. The American Kinesiology Association core content for kinesiology programs：from concept to curriculum [J]. Kinesiology Review，2018，7（4）：279-285.

⑤ LAWSON H A. Renewing the core curriculum [J]. Quest，2007，59（2）：219-243.

报道》的“最佳大学”排名评选的指标体系中，教师资源占到了 20%的评分比例，这充分说明了教师资源在高等教育中的重要性。[①]随着运动机能学本科专业学生人数的大幅增长，对运动机能学相关专业的教师需求也呈现出增长的趋势。[②]不过，尽管运动机能学专业本科的入学人数在 2008—2017 年大幅增加，但在一些大学的运动机能学院系或专业中，教师人数几乎保持不变，导致生师比较高。[③]对于生师比的标准来说，生师比小于 25∶1 的学校才算是拥有“良好”的师资资源，能够提供理想的教学水平和质量生师比；在 25∶1 到 50∶1 之间的学校算是拥有“公平”的教师资源；生师比超过 50∶1 的学校则表现为教师资源“很差”，需要增加师资、限制学生进入该专业[③]。但是佛罗里达州立大学的生师比高达 95∶1；田纳西大学的生师比也达到了 73∶1；威斯康星大学密尔沃基分校的生师比达到了 53∶1；艾奥瓦州立大学的生师比达到了 36∶1；而相比之下，美国公立大学 2016 年的生师比为 16∶1。[③]由此说明这一时期美国大学运动机能学专业的师资力量严重不足。

从 2008 年开始，由于高等教育收到的拨款减少，而这些拨款中绝大多数是投资于教师的预算，因此高等教育机构中获得终身制教授职位的教师数量呈现了下降的趋势，体育院系也未能幸免，师资数量也出现了减少。在资金不足的情况下，一些院系选择雇用非终身制的教师。这些非终身制的教师因为没有科研压力，在教学上投入得更多，而且薪酬较

① REEVE T G. Assessment，accreditation，and accountability：using the A－list to promote kinesiology programs in higher education［J］. Quest，2010，62（1）：15－34.

② THOMAS J R. The public face of kinesiology in the 21st century［J］. Quest，2014，66（3）：313－321.

③ BASSETT D R，FAIRBROTHER J T，PANTON L B，et al. Undergraduate enrollments and faculty resources in kinesiology at selected US public universities：2008－2017［J］. Kinesiology Review，2018，7（4）：286－294.

低，在学生人数下降后，他们也更容易被解雇。[①]不过美国大学教授协会（American Association of University Professors）也提醒不要过度依赖临时教师（即兼职教授及全职非终身制教授）。过度使用临时教师不仅会剥削那些薪酬较低、缺乏终身制保护的教师，而且还会对教师的管理、学术诚信和学术自由产生负面影响。[②]

另外，学者认为美国卫生研究院运动科学研究拨款提案的研究小组只有不到10%的同行评审员有运动科学或运动机能学的教育背景，这也影响了运动机能学领域的教师们获得资金资助的机会，且与其他国家相比，美国在体育心理学、体育管理、体育社会文化研究和体育教育方面的拨款机会也少。[①]因此，美国学术界的学者们就开始呼吁必须努力提高运动机能学的经费投入[③]，以保障其更好地发展。

这一时期另一个重要的师资变化情况就是教师专业结构的改变。随着美国用于高等教育的资金减少，支持优先获取外部资金来源的院系的教师压力加大。[④]运动科学领域的教师比体育教育学领域的教师更能成功地获得项目的经费资助。那些传统上以培养体育教师为使命的院系，开始在学科界限上出现分裂。[⑤]

运动科学（如运动生理学、运动学、生物力学、运动心理学）领域

---

① THOMAS J R. The public face of kinesiology in the 21st century［J］. Quest，2014，66（3）：313-321.

② American Association of University Professors. Background facts on contingent faculty［EB/OL］.［2019-07-20］. https://www. aaup. org/issues/contingency/background-facts.

③ KNUDSON D. Future trends in the kinesiology sciences［J］. Quest，2016，68（3）：348-360.

④ LORUSSO J R，RICHARDS K A R. Expert perspectives on the future of physical education in higher education［J］. Quest，2018，70（1）：114-136.

⑤ LAWSON H A，KRETCHMAR R S. A generative synthesis for kinesiology：lessons from history and visions for the future［J］. Kinesiology Review，2017，6（2）：195-210.

的教师，以前只占体育院系内教师的一小部分，随着成功获得外部资助能力的增加，这些学科教师的人数开始增加。这导致越来越多的教师对现有的专业结构感到不满，因为他们作为体育教师的自我认同程度较低，而作为运动科学家的自我认同程度较高。①尽管一些体育院系中的教师仍然由各个学科的教师组成，他们之间能互相合作，但在另一些体育院系中教师的组成情况和合作情况却出现了较大的变化，如体育教育教师专业被停止办学，这导致体育教育专业的教师们被重新分配到学校的其他部门；或者体育教育专业的隶属部门由运动机能学系转移到教育学院或其他院系。许多保留体育专业的院系，为了进一步吸引对医学相关专业感兴趣的学生，将名称改为更具医学代表性的院系名称。①

在这一时期，虽然体育教育专业的教师们为反对取消专业、更改名称和部门重组等问题进行了长期而艰苦卓绝的努力斗争，但体育教育专业的发展状况已经今非昔比，地位逐渐下降，而且这种态势可能还会继续发展下去。

六、学生情况

（一）学生的数量现状

对于运动机能学院系来说，本科入学人数在这一时期已飙升至历史高点。美国运动机能学协会对 46 所办学机构进行了调查，结果显示，在 2003 年到 2008 年的五年间，运动机能学专业的学生有了显著的增长，其中本科学生增长了 50%，硕士研究生增长了 20%，博士研究生增长了 29%。②在一些学校，运动机能学专业的学生人数占到所在学校学生总人

---

① LAWSON H A．Renewing the core curriculum［J］．Quest，2007，59（2）：219－243．

② MORROW J R，THOMAS J R．American Kinesiology Association：a national effort to promote kinesiology［J］．Quest．2010，62(1)：106－110．

数的 10%。[①]从 2008 年到 2017 年，在其他专业的人数趋于平稳或下降的时候，体育学本科入学人数依旧呈现上升的状态。[②]运动机能学专业的学生人数增多带来的一个好处是学院发展看起来比较繁荣和兴旺，另一个好处就是学生的生源质量较好。教师们反映这些学生聪明、勤奋、事业心强，教起来很愉快。[①]

不过值得注意的是，虽然整个运动机能学专业的学生数量呈现出增长的趋势，但是体育教育专业的入学率却一直在下降。体育教育专业在整个美国高等体育教育的发展过程中似乎出现了巨大的反差，如在美国高等体育教育发展的前 30 年中，体育教育专业提供的入学招生人数与想学此专业的学生人数之间的关系是供不应求，而这种关系发展到现在却出现了供过于求的情况，这也导致专业的发展地位岌岌可危。虽然高等教育的发展历程也出现过钟摆式的周期发展效应，但是对于体育教育专业来说，这种效应是否也会出现还有待继续观察。

（二）学生的发展去向

由于美国高校的运动机能学专业课程是医学等健康相关专业的前导专业课程，相对大学中的医学专业来说入学要求较低。因此，很多学生将进入运动机能学专业作为通向医学等健康相关专业的一座桥梁或一块跳板，目标是修完这些前导课程之后就可以转向医学等健康相关的专业。学生们的职业兴趣或职业目标是成为职业治疗师、物理治疗师或医学助理等。这样看来，虽然运动机能学专业的学生人数激增，但是大部分学生的职业目标并不是成为传统的体育教师、教练员或体育管理等相关专

① HOFFMAN S. Are we witnessing a kinesiology bubble? [J]. Kinesiology Today，2010，3（2）：9,17.

② BASSETT D R，FAIRBROTHER J T，PANTON L B，et al. Undergraduate enrollments and faculty resources in kinesiology at selected US public universities：2008－2017 [J]. Kinesiology Review，2018，7（4）：286－294.

业人才，体育领域并没能留住这些入学时优秀的学生在体育相关领域继续发展，这种发展趋势对于体育领域来说可能是一个值得关注的迹象。[①] 另外，有统计表明美国运动机能学协会有超过50%的学者计划在医学健康行业发展。

第三节 美国高等体育教育演进为运动机能学时期的发展特点

美国高等体育教育在演进为运动机能学时期更加注重科学领域的发展，也迎来了新的机遇和挑战。这一时期的发展特点有以下几个方面。

首先，办学机构规模进一步扩大，形成较为成熟和完善的本科、硕士和博士的高等体育教育办学体系。具体来说，办学机构的数量在这一时期再创新高，800 多所学校都提供了体育专业的教育，其中研究生办学机构也有200多所。高等体育教育的发展也与经济发展相一致，在经济发达地区，办学机构数量也较多。在发生经济危机时，办学机构的规模越大，各分支学科专业越集中，竞争力就越强，越不容易被淘汰。培养目标从单一的培养教师向多学科研究的转变已经成为越来越明确的事实。

其次，专业范畴扩大，学科设置更加规范。随着体育学科领域的扩大，专业范围越来越广泛，学科设置管理也越来越规范。在学科专业目录中，这一时期体育学的分类增多，从上一时期的三个门类增加到了五个门类，主要分为传播、新闻学及相关专业，教育类专业，生物医学科

① HOFFMAN S. Are we witnessing a kinesiology bubble? [J]. Kinesiology Today，2010，3（2）：9,17.

学类专业，公园、休闲娱乐、健身及运动机能学专业、健康职业和相关专业等。在专业的发展方面，受资金资助的影响，运动科学相关专业发展态势较好，而体育教育专业在这一时期因为入学人数下降、课程重点转移、领域名称变化等因素，逐渐被取消，专业发展陷入困境，隐忧重重，遇到了有史以来最大的生存危机。

再次，课程类型稳定，核心课程确定。课程的设置在不同院校不同专业有所不同，但在课程类型上有一些共性，基本分为通识课程、专业课程、选修课程、辅修课程，另外还有实习课程和证书课程。随着体育学相关专业的发展，整个体育学专业的共同学科基础的核心课程也应推出，并作为专业根基侧重于体力活动与健康领域，让所有体育学专业的学生都能共享一个知识库提供的一个框架。

最后，学生规模进一步扩大，师资力量渐显不足，学生的职业兴趣发生转变。在这一时期，运动机能学专业的学生成为美国大学中学生人数最多的专业之一，但教师人数的增加幅度并没有与其同步发展，这导致了很多学校的师资力量不足，生师比较高。另外，大部分进入体育学领域的学生朝着健康领域的物理治疗和运动防护等方向发展，体育教育专业的学生比例持续下降，招生不足。

总之，在新时期美国高等体育教育在充分继承发扬前期发展成果的基础上，继续进行改革创新，向更高层次和更纵向的深度发展，希望与挑战共存。

第七章

美国高等体育教育发展的个案分析与流变特征

第一节　美国伊利诺伊大学香槟分校的运动机能学

美国伊利诺伊大学香槟分校的运动机能学博士项目在最新的美国运动机能学博士项目的评估排名中名列第一。本书将其作为案例分析的代表性学校，一方面是因为该校的运动机能学专业是当前美国发展最好的体育学专业之一，符合我们探究世界一流体育学科并从中获得一些可资借鉴的发展经验的条件；另一方面，该校的体育学专业具有从学士、硕士到博士的完善的人才培养体系，拥有较为全面的体育学专业学科，院系规模较大，具有典型的美国大学体育院系的特点，其整个发展历程也是美国高等体育教育发展历程的缩影。除此之外，笔者在这所学校学习的 18 个月中直接获取的大量第一手资料，为研究这所学校提供了便利的条件。

美国伊利诺伊大学香槟分校的运动机能学专业最早创建于 1895 年，

设立了男子身体训练系和女子身体训练系，分别由埃弗雷特和莫里森担任两个系的系主任。该系有时也被称为体育文化系，主要目标是培养体操指导教师。该校董事会在1895年的第十六次会议上决定创办该系时提出“体操教师应该是运动员、绅士，同时也应该是体育文化方面的教授”。

随着院系的发展，该系在名称上经历了诸多变化，1919年改名为体育教育系，1924年改为生理健康（Physical Welfare）系，1932年改为体育教育部，1957年改为体育教育学院，1972年秋季将男子体育教育系与女子体育教育系合并，1975年体育教育学院改名为应用生命研究学院，1987年，在时任系主任纽厄尔的领导下，该院的名称改为“运动机能学学院”。值得一提的是，将美国体育学领域的统一名称更改为运动机能学，也是纽厄尔和他的同事们一起率先提出的。随着与健康领域的逐渐融合，该院于2005年与社区卫生系合并，成为目前的“运动机能学与社区卫生系”，隶属于应用健康学院。

在办学层次方面，1923年，该校授予了第一个女子的体育教育理学学士学位，1942年开设了体育教育理学硕士学位课程，1948年开设了体育教育哲学博士学位课程。

在培养目标方面，尽管最初男子身体训练系和女子身体训练系分属不同的行政管理部门，但是它们办学使命是相同的，目标都是培养训练有素的教师，教授保持健康、获得体力、纠正不良发育、避免受伤和疾病的最佳方法。一直到1962年时，教师培养仍然是体育教育系培养目标中最优先的事项。到了1973年，在培养目标方面，该系旨在培养体育教育、健康和安全教育等专业的教师，同时也培养具有领导力的人才及管理、研究和学术方面的人才。培养目标逐渐向科学研究方向转变。到21世纪后，该系的定位发展为一个跨学科的学术单位，培养目标和使命变为专门研究健康、康复和人类运动，研究主题包括体育活动、社区健康、康复咨询、残疾、福祉和包容、体育文化和教育、教育学、人文因素和人类表现；同时也以对健康、康复和人类活动等相关知识的进步和传播为核心使命。

在专业设置方面，最初的专业较为单一，仅为身体训练专业。20 世纪初为了满足公立学校和大学对运动教练的需求，1914 年全美国的第一个运动教练四年制课程在该校建立。随后，专业范畴越来越宽泛，从 1941 年开始，男子可以选择运动教练、健康和安全、体育教育和休闲作为专业；女子可以选择体育教育、健康教育、社区福利和休闲作为专业。另外，舞蹈专业也在女子体育教育系中一直保持着重要的地位，但到 1968 年时，舞蹈专业从体育教育系被转到了应用艺术学院。在 1972 年男子体育教育系和女子体育教育系被合并为体育教育学院后，该学院有健康和安全教育、体育教育以及休闲和公园管理三个学术部门，其中，健康和安全教育部设有学校健康教育、社区健康教育、学校安全教育和公共安全教育等专业，体育教育部设有教师教育专业，休闲和公园管理部设有休闲和公园管理、治疗休闲、户外休闲和户外教育等专业。到了 1990 年后，随着名称的统一，专业设置包括运动机能学和社区健康专业。

课程反映了办学的目标。课程设置方面，1895 年，男子身体训练系和女子身体训练系成立后，课程由讲座课程和实践展示课程组成。男子身体训练系的课程内容包括身体锻炼、运动训练、应用解剖学、急救、预防和纠正身体缺陷、专门的锻炼和对身体器官的影响、专门的生理学指导、过度劳累导致疾病的预防和治疗、个人卫生、睡眠、饮食和锻炼等。女子身体训练系则根据现代科学方法提供通识教育，在教师的观察下，根据学生的身体状况评级，特别关注学生身体运动的缺陷，纠正学生不良的身体姿势。训练的基本目标是保持健康、增强肌肉的灵活性和动作的优雅性。其他课程旨在传授身体健康和活动的知识，包括身体锻炼理论、食物营养价值的组成，传染性疾病传播的方法和原因等。在1972年秋季男子体育教育系和女子体育教育系合并后，课程的修改和组织机构的变化也带来了课程设置的改变。课程类型包括通识教育（人文、社会科学和自然科学）课程、专业教育课程和相关专业课程等。当演进为运动机能学时期后，运动机能学本科课程开始为学生提供广泛的通识教育，以研究人类运动为核心，提供针对学生的运动机能学领域中的相关课程，学习的课程内容包括：运动压力；运动效率和健身；参加体力活动和运动相关的社会、文化和心理方面；体力活动的协调、控制和技巧；整个生命周期中的身体生长、发育和身体形态；运动机能学治疗技术对身体受损后恢复的影响；体力活动和运动的教学/教练的指导过程。具体的课程类型分为通识教育和支持性课程、运动机能学和社区健康系的核心课程、运动机能学核心课程、运动机能学选修课程、相关领域课程以及自由选修课程。

在师资方面，赫夫、史丹利、齐格勒、纽厄尔、莫里森、佛利尔和赫尔斯特等领导者对院系的发展起着巨大的影响作用。赫夫于1901年至1936年担任男子身体训练系的系主任，对该系的早期发展起着至关重要的推动作用，使得体育活动越来越流行，参与者越来越多。史丹利于1937年至1957年担任该系的系主任，这段时间是该系的快速扩张时期，专业项目增多，研究复兴，学术研究项目得以建立。在女子身体训练系方面，莫里森作为该系的第一任主任，她的办学理念是改善女子的健康状况，强调纠正性锻炼，应用解剖学、生理学和卫生学，致力于让女性学生能够拥有完成学业的耐力和能力。她所管理的女子身体训练系得到了董事会的认可，学校首次批准女性上体育教育课程可获得大学学分，佛利尔从1915年起担任女子身体训练系主任之后，开始重视运动参与，她为户外活动争取了更多的场地空间，并为女子身体训练系争取到了教学和办公楼；在 34 年的管理生涯中，她推动着女子身体训练系的发展，在教师招募和学生培养方面均取得了较大的进展。赫尔斯特于 1950 年至 1967 年担任女子体育教育系的系主任，进一步将该系的规模扩大了。男子体育教育系和女子体育教育系于 1972 年合并后，1985 年纽厄尔担任了系主任，并于 1987 年将系名称改为运动机能学学院。为了纪念赫夫和佛利尔为男子系和女子系所做的创新性贡献，该校的运动机能学学院和应用健康学院的教学办公大楼分别以佛利尔和赫夫的名字命名。在师资数量变化方面，最初的男子身体训练系和女子身体训练系教师都仅有一两人，随着办学规模的扩大和对专业需求的增加，师资人数也逐渐增多，女子身体训练系在 1915 年时还只有两名教师，发展到 1950 年时已有 16 名教师，到 1967 年时已有 50 名教师了。到演进为运动机能学时期，该系的师资共有 38 人，其中教授 11 人、副教授 7 人、助理教授 18 人、讲师 2 人；哲学博士 35 人、教育学博士 1 人、理学博士 1 人、公共卫生学硕士 1 人。

此外，该系能够在美国高等体育教育的激烈竞争中蓬勃发展还得益于各分支学科实验室的建立，实验室的建立也有力地促进了该系的科学研究水平和影响力。早在 1918 年，系主任赫夫就鼓励设立一系列非正式的实验室，用于研究橄榄球和篮球运动员的视野和注意力有关的主题，随后测试篮球运动员“反应时间”的设备仪器便产生了。1925 年运动协会研究项目被批准，运动研究实验室（Athletic Research Laboratory）也得以建立，年轻的心理学教授 Griffith C.博士被任命为该实验室的负责人，该实验室以运动员为研究对象，致力于使用心理学技术来研究他们的运动表现，从而帮助运动员提高技术水平、减少失误。这也是美国首批针对运动相关问题，既可以作为观察性研究也可以作为实验性研究的实验室。虽然后期因为经济大萧条和入学人数下降，该实验室被关闭了，但是它标志着该系研究项目的开始。至今，格里菲斯仍被认为是运动心理学学科开始的象征。史丹利担任系主任后将研究的复兴作为一项重要的工作任务：1941 年他招募的新教师丘尔顿于 1944 年领导建立了体质健康研究实验室（Physical Fitness Research Laboratory），通过在体质健康研究方面的长期努力，丘尔顿成为美国体质健康领先的倡导者之一，被誉为“体质健康之父”。该实验室帮助该系的第一批学生获得了硕士学位和博士学位。在建立的早期，该实验室因发展了测试运动体适能、人体体质、心血管健康状况和水上运动表现等的方法而闻名，其还比较和评估了美国精英运动员的身体状况，为他们获得竞技水平的提升做出了贡献，同时它也着力于促进美国青少年和成年人的体质健康，从这个实验室中毕业的学生也在美国的体质健康方面成为领导者和贡献者。直到现在，该实验室仍然在重要的体质健康问题方面的研究发挥着重要作用。1952 年，哈伯德博士领导建立了运动行为和运动心理学实验室（The Motor Behavior and Sport Psychology Laboratory）。哈伯德退休后，1975 年建立了新的运动行为研究实验室，由一批新学者们，如罗伯特和纽厄尔继续领导着实验室向前发展并在研究领域持续发挥着它的影响力。

可以看出，在美国伊利诺伊大学香槟分校运动机能学的发展历程中，院系的领导者们发挥了重要的引领作用。领导者们通过先进的科学理念和发展决策，加上专业教师们的努力，通过人才培养、科学研究和社会服务将该院系发展成为美国高等体育教育领域具有影响力的机构。

第二节 美国高等体育教育发展的流变特征

一、办学机构发展的流变特征

美国高等体育教育的办学机构在数量上经历了从无到有、从少到多、从个位数发展到数百所甚至近一千所的过程。不得不说美国高等体育教育在其百余年的发展历程中在量变上取得了可喜的成绩。

另外，办学机构的类型也出现了翻天覆地的变化。体育专业人才培养最初主要集中在私立体育师范学校中，加上其他组织创办的学校、暑期体育学校及公立师范学校等各种类型的办学机构也都并存发展，但这些办学机构均未达到大学水平，为非大学性质的办学机构，办学层次还较为低下。随后在时代发展的趋势和各界力量的推动下，20 世纪初体育专业人才培养逐渐进入高等教育办学机构，各类学院和大学开始加入培养体育专业人才的队伍中。办学机构的类型出现了新的变化，增加了私立或公立大学的办学机构类型，大学机构在数量上也开始超越其他类型的学校。到了 1930 年，早期的体育专业学校因为经费不足、资格有限、领导地位丧失、州立大学竞争力强等因素逐渐退出了高等体育教育的历史舞台，通过解散、合并或升级的方式进入高等教育办学机构中。因此，到了 20 世纪 60 年代，基本所有的早期学校都完成了转型，不符合时代发展要求的学校也慢慢被淘汰，体育专业教育全部在高等教育办学机构中开展，高等教育办学机构规模越来越庞大，逐渐占据了培养体育教育教师和领导者的主要角色。到了 21 世纪前二十年，高等体育教育办学机构已经几乎全部从早期多元化的办学类型转变为单一的私立或公立的综合性大学。

在培养目标方面，最初美国高等体育教育受欧洲体操体系的影响，各类体操体系盛行，争相斗艳，办学机构以培养各类体操体系的体育教师为目标。随后，大部分办学机构仍然一直坚持以培训体育教师为目标，但在具体的教育思想方面与时俱进，增加了素质教育等内容，使得培养的体育专业教育的人才更能符合社会的发展和需求。到了美国高等体育教育的学科化发展时期，办学机构的培养目标逐渐从以培养体育教师为主，转向以研究学科为主，将促进健康知识的发现和传播作为自己的使命。

二、专业设置发展的流变特征

美国高等教育的专业是先以课程的形式出现的，当课程发展到一定阶段后才形成了专业。因此，在专业设置方面，美国高等体育教育萌芽时期尚无专业之分，整个体育领域都是以培养体育教师为主，仅有体育教育课程或专业。

到20世纪后，随着社会的发展，课程内容越来越广泛，运动项目流行，对各个体育项目教练的需求滋生，运动教练课程逐渐发展成为可以独立招生的专业。此外，在进步主义思想的影响下，“新体育”思想广为传播，休闲娱乐专业也发展为体育领域下较为受欢迎的专业之一。随后，舞蹈、健康教育、司机教育和安全教育等专业也都相继出现，各种专业种类呈现出纷繁复杂的景象。对种类多样的专业进行分门别类的规范化管理已经成为美国高等体育教育亟待解决的问题之一。

到了20世纪中期，专业的数量增多，范畴扩大，专业发展的质量也呈现出参差不齐的状态。美国高等体育教育专业的发展出现了从量变转向质变的需求。为了保障和提升专业的质量，美国高等体育教育领域引进了认证机构以期对体育专业进行质量评估和认证。这些被引入的认证机构有美国教师教育国家认证委员会、美国教练教育国家认证委员会、美国公园休闲与旅游专业认证委员会和训练科学委员会等，这些认证机构都帮助保障和促进了体育专业的质量提升。

到了 20 世纪 80 年代，美国高等教育开始制定学科专业目录，对各个专业进行分类管理，体育学相关专业也被纳入了管理的范畴中，在 1990 年出版的学科专业目录中，体育学专业被纳入教育，公园、休闲娱乐及健康研究，以及健康职业和相关科学三个一级学科中，共有八个体育学分支学科专业。随着社会的发展和需求的变化，一些新兴的体育学专业开始出现，其他的分支学科专业也被进行了适当的调整。在 2020 年出版的学科专业目录中，运动机能学相关专业被分别纳入传播、新闻学以及相关专业，教育类专业，生物医学科学专业，公园、休闲娱乐、健身及运动机能学专业，健康职业和相关专业等五个一级学科中，共有 15 个运动机能学分支学科专业。

在专业结构的演变方面，美国高等体育教育在萌芽时期体育教育专业一枝独秀，发展势头良好。到 20 世纪 30 年代时，后起之秀的运动教练专业超越了体育教育专业成为最受欢迎的专业，其他的休闲娱乐专业、舞蹈专业、健康教育专业、安全教育专业、司机教育专业等也都相继出现，体育相关专业并行发展、百花齐放，呈现出一片繁荣景象。然而，随着对科学研究的重视以及美国联邦政府对高等教育办学机构拨款的减少，较易获得外部研究资金资助的运动科学相关专业呈现出一片欣欣向荣、蒸蒸日上的发展景象，而早期占据发展优势的体育教育专业却是日渐没落、今非昔比，目前已是岌岌可危了。

可以看出，美国高等体育教育的专业演进历程，表现出以下流变特点：体育专业数量由少变多；类型由单一变多样；管理由松散变规范；专业地位由不被认可变为获得美国科学研究委员会的认可；质量由无须认证变为需要认证；专业结构，从注重体育教育等人文社会科学类专业转向注重运动科学等自然科学类专业。

三、课程设置发展的流变特征

在美国高等体育教育的发展历程中，课程设置的演变伴随着社会的需求和发展的变化，与时俱进，不断调节并逐步完善。

课程类型划分由粗略变精细，如萌芽时期的课程类型仅被粗略地分为理论课程和活动课程；到了大学化体系发展时期，课程的类型增加，出现了基础学术课程、基础科学课程、专业教育课程和专业体育教育课程等类型；在专业化发展时期，课程类型更加多样化，划分方法也多种多样；到了学科化发展时期，有通识教育、专业教育和专业体育教育等类型的课程；发展到了最新时期时，课程类型继续转变，包括通识课程、专业课程、选修课程、辅修课程、实习课程及证书课程等。

在课程内容的演变方面，最初，理论课程以生物科学和医学相关的科目为主，活动课程以各种体系的体操训练活动为主。到了大学化体系形成时期，课程的主题内容扩大，理论课程增加了专业教育课程，提高了体育教育者的基础科学背景，增加了课程的“学术”性。活动课程从注重正规体操的训练转向注重运动项目的课程，休闲项目和舞蹈等也被加入活动课程中，从这一时期开始，正式体操被新体育教育完全取代。到了专业化发展时期，课程内容变得更加专业化和多样化，课程的标准化开始被提上日程，对文化教育、基础科学、通识教育和专业教育课程的需求和重视也成为课程发展的一种趋势。在活动课程上，由于人们对健康和休闲娱乐的兴趣增加，体育教育项目由正式类型的活动方式向非正式的游戏–运动方式转变。随着学科化的发展，体育学领域对研究日渐重视，课程变得更加科学化和专业化，并开始强调跨学科知识的课程导向。活动课程为学生提供了更广泛的职业技能，除了可以胜任体育教师外，还能在社区健康中心、企业、康复中心等机构任职。到演进为运动机能学时期时，因为体育领域专业增多，课程内容的范围过于广泛，各个专业的知识体系差异过大，从而导致整个体育领域的知识结构分化，难以形成专业的认同感和共识。为了使整个运动机能学领域有共同的标识性知识系统，明确和规范整个领域的价值追求、愿景和使命，运动机能学的“核心课程”得以设立。新时期“核心课程”在内涵与概念上与健康和体力活动密切相关。此外，美国体育领域的不同专业协会均制定了相应的课程标准指南。办学机构可以基于这些专业协会，如 ACSM、NASPE、NSCA、ASEP 建议的课程标准指南设定体育专业学生需要修的课程内容。

在修业时间的演进方面，美国体育专业教育经历了大幅度的跨越式发展，从十周的短期培训课程发展为四年到五年的本科层次的专业课程。在萌芽时期，美国第一所体育师范学校只有短短十周的培训课程，早期办学机构也多采用短期课程培训计划，但随着对教师质量要求的提高，修业时间逐渐发展为一年甚至两年。到 20 世纪 20 年代末，州立法要求制定四年制的学士学位课程，并将其作为体育教师的培养标准，即学生要获得教师资格证书，必须经过四年的专业训练。因此，从这一时期四年制的修业时间逐渐成为发展的趋势。到了专业化发展时期，由于课程的专业化变化，整个课程需要更多的时间，有的办学机构开始实行五年制的课程计划，但这一举动得到高等教育机构支持的同时，也收到了一些反对的意见，意见认为五年制的课程还需反复斟酌。不过在此后的很长一段时间内，四年制和五年制的课程修业时间在办学机构中都在有效地运行着。一些州的课程标准或认证的要求会规定中学体育教师的修业时间必须为五年，但其他体育相关专业在后续的发展阶段中，进入大学机构后与大多普通专业相似，一般被要求四年制的修业时间。

四、师资与学生发展的流变特征

在教师和学生的流变特征方面，美国高等体育教育的师生在数量上大幅度增加，在质量上显著提升，在专业结构上都有所调整。

在数量方面，在美国高等体育教育的萌芽时期，体育教育的先驱者大多是拥有医学知识和健康锻炼理念的医生，师资数量并不太多，最初各机构一般只有一位教师，到萌芽时期末逐渐发展到 10 人左右。学生数量在办学初期也只有不到 10 个人的规模，后来增加到十几人，甚至几十人的规模。暑期体育学校因为其办学时间比较灵活，修业时间短，在萌芽时期就培养了近千人的学生。发展到大学化体系时期，教育工作者开始取代医生成为专业项目的负责人。师资数量增多，规模逐渐发展壮大起来，基本稳定在 10～20 人。在学生数量上，各个学校的学生规模有所差异，其中，萨金特开办的学校和基督教青年会培训学校培养的学生较多，分别占这一时期学生总数的 1/3 和 9%。到了专业化发展时期，大部分机构的师资数量达到了 20 人左右，学生数量已经超过了万人。发展到学科化发展时期，由于第二次世界大战时期“婴儿潮”出生的孩子们到了上大学的年龄及大学的录取比例增加，大学的在校学生人数持续攀升。到演进为运动机能学时期，对于运动机能学院系来说，师资数量根据院系的规模而有所不同，本科入学人数在这一时期已飙升至历史高点，运动机能学专业成为美国大学中学生人数最多的专业，师资在这一时期开始呈现出不足的状态。另外，需要说明的是，除了数量的增加外，在专业结构内部，师生的数量伴随着专业结构的调整而变化，发展趋势好的专业，师生数量相对较多，发展趋势不佳的专业，则师生数量较少。例如，早期体育教育专业的师生占据优势，但是随着社会的发展，需求的变化，一些新兴的专业出现，体育领域的师生数量比还是有所变化的，发展到20世纪60年代后，受高等教育财政资助的变化影响，运动科学专业的教师增多，体育教育专业的教师减少，由此导致教师的专业结构发生了一定的变化。进入体育学领域的学生对职业的兴趣转向了健康领域，如物理治疗、职业治疗、运动防护或医生助理等职业，而不再是教师或教练领域，这导致了体育教育专业学生比例持续下降，招生呈现出不足的状态。

在质量提升方面，萌芽时期的教师大多拥有医学背景，很多医生加入了体育专业教育中，但活动课程的师资中，教师几乎都没有学位资历。发展到1920年时，教育工作者开始取代医生成为专业项目的负责人，体育师资中持有哲学博士学位的人多于医学博士，体育专业教育的教师也得到了更多的学术准备，并逐渐拥有了更高的学位。到专业化发展时期，在学历上，大部分教师拥有硕士以上的学位，获得博士学位的人也越来越多，且他们更倾向于攻读哲学博士学位而不是医学博士学位。从1960年开始，所有的初任教师都必须持有学位，对教师任职资格的最低要求进行了限定，硕士和博士学位成为进入大学工作的先决条件。到演进为运动机能学时期，体育专业的师资基本都达到了博士学历的条件，只有少数教师持有硕士学位，其中拥有哲学博士学位的教师占据了绝对的优势。

入学条件的提升标志着招收学生的生源质量的提高。在萌芽时期，入学条件要求都相对较低，没有统一的入学标准和要求，招生条件非常宽松。最初只要对体育专业教育感兴趣、身体健康的人都可以进入学校学习。随着工业化的发展，学校规模扩大，学生人数增多，为了提高生源质量，适应教育的发展，办学机构增加了入学要求的标准：增加了对高中毕业证书的要求以及校长或体育主任等推荐信的要求等，随后还规定了高中成绩排名、SAT 成绩和 ACT 成绩等，提高了对学生学术标准的要求。这些严格的入学要求不仅可以帮助体育领域录取到更加优秀的学生，也可以帮助提高未来体育教师培养的质量。另外，有些学校因注重社会服务的哲学理念以及良好的领导能力，在入学条件中增加了与学生进行面试的这个重要环节。到了 20 世纪 70 年代，在联邦立法的影响下，为了让少数族裔、弱势群体能进入学术团体中来，入学要求具有一定的灵活性：针对少数族裔的申请者，入学要求稍微有所放松。发展到演进为运动机能学时期，学校的入学条件在继承前期入学条件的基础上，不断完善，形成了一套独特的招生程序体系，各种入学条件与所在高校的招生要求相一致，包括高中课程科目及其学习的时间与成绩、ACT 成绩、SAT 成绩、与专业相关的社会实践、领导才能展示和课外活动情况等条件，全方位地考察适合学习体育专业的学生的潜力。

五、小结

在美国高等体育教育发展历程中，整个纵向的发展规律呈现出以下流变特征：办学机构由私立体育师范学校变为大学性质的综合性大学，培养目标由培养体育教师变为健康相关的专业人员，专业设置由单一学科多学科分支，课程设置由简单变为多元再变为核心，师资主体由医生变为教育者再变为健康科学家。美国高等体育教育经历了从无到有、从不被重视到获得地位、从非大学性质到大学性质、从体操到体育教育再到运动机能学的发展变化过程。本书归纳总结了美国高等体育教育的发展历程演变路线图，如图 7–1 所示。

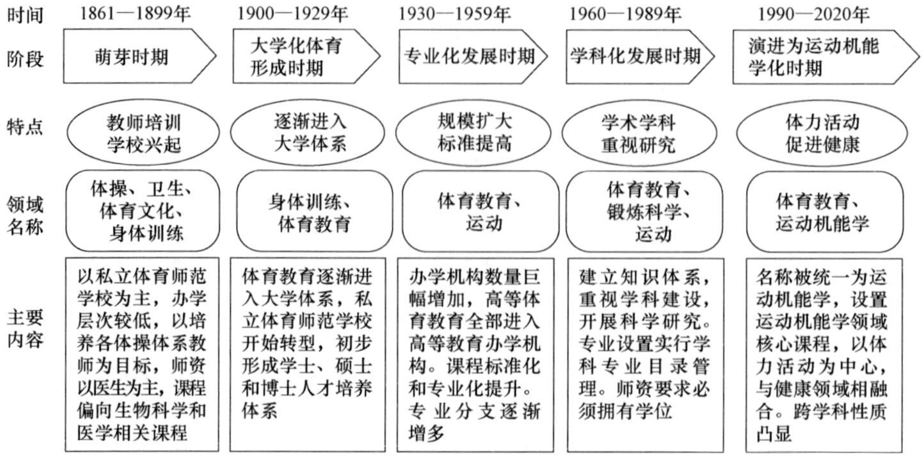

图 7-1　美国高等体育教育发展历程演变路线图

第八章

美国高等体育教育发展的影响因素分析

纵观历史，美国高等体育教育在萌芽、发展和完善的进程中，社会、政治、经济、文化和教育等因素都对其产生了促进或制约的作用，使之受到了广泛的内外部环境和相关利益主体等诸多因素的影响。通过对这些因素的综合考量，本研究认为以下几个方面的影响因素对美国高等体育教育的发展起着至关重要的作用。

第一节　社会大环境

在美国高等体育教育发展的一百多年历程中，美国的社会环境发生了巨大的变化。从农业社会到工业社会再到信息化社会，从美国内战到第一次世界大战再到第二次世界大战，从经济发展到经济大萧条再到经济复苏等，这些客观的社会环境将高等体育教育的发展置于错综复杂的社会关系之中，对美国高等体育教育的发展路径产生了一定的影响。

例如，美国社会从农业社会向工业社会的发展，改变了人们的生活方式，曾经以劳动为主要体力活动的生活方式，被自动化的机械运作方式所取代，由此人们对专门化运动方式的需求增加了，这为培养体育教师专业人才创造了社会的需求动力。

另外，美国高等体育教育的整个发展历程经历了多次战争。这些战争对美国高等体育教育的发展也起到了前所未有的影响作用。直至 1865 年才结束的美国内战使得教育机构的办学活动暂停，师生四处流落逃亡，这一时期办学机构的创建时间也都相对延迟。1917 年美国参加的第一次世界大战对美国体育教育的发展也产生了重要的影响：一方面第一次世界大战激发了体育教育领域对军事体育训练体系的重视，这对传统体育教育的地位产生了重大冲击，使得体育教育领域在第一次世界大战后不得不努力防止在美国中小学和大学中完全用军事训练代替体育教育；另一方面，美国政府对参军人员的体检报告表明美国年轻人的身体素质欠佳，这激发了各州对体育和健康的立法，包括对学校纳入体育活动课程的重视，让教师参与到儿童的健康服务工作中来，这些立法必然引发了对相关师资的需求。随后第二次世界大战爆发，对参军入伍人员的体检报告再次暴露的年轻人体质健康堪忧的状况，引起了美国社会对年轻人体质健康的关注，加强了在学校增加体育课程的呼声。因此，有人说虽然战争带来了很多负面的影响，但其实第一次世界大战和第二次世界大战，尤其是第二次世界大战，对体育教育的发展是有着促进作用的。

众所周知，经济的发展为教育的发展提供了强大的物质基础和保障。美国高等体育教育的发展也毫无例外地受到了经济发展状况的影响。其中 1929 年股市崩盘后发生的“经济大萧条”导致了国家财政预算削减，体育活动与赛事被大量取消，很多体育教育项目也是要么被取消要么被降级，许多州的体育教育立法也被废除，早期体育专业教育发展所取得的成绩几乎前功尽弃。此外，“经济大萧条”期间，一些学校让课堂教师替代体育教师的职责，导致体育教师供过于求，进而导致了对体育教师的要求提高。

在20世纪70年代以后，由于美国政府经济出现赤字，对高校的拨款减少，因此学校的教师只能从其他渠道获得资金的资助，那些较易获得研究资金资助的专业和教师便获得了快速的发展，而不易获得资金资助的专业和教师则出现了发展的危机和困难。高校还通过提高学费来获得财政收入，那些学费较高、就业工资较低的专业便受到了一定的影响。

另外，2008年的经济危机造成高等教育机构面临着重大的预算削减，导致一些专业和项目被取消或暂停，其中体育教育专业在发展过程中，由于分化现象严重，专业规模缩小，竞争力下降，在这段经济困难时期，首当其冲受到了影响。很多所大学即使发展了几十年的体育教育专业还是不可避免地因为经费拮据、财政物力支持不足而被取消。

总而言之，在历史的长河中社会发展的大环境为美国高等体育教育的发展创造了条件，但同时美国高等体育教育的发展也无时无刻不受到社会大环境的影响。当然，社会大环境中的这些影响因素也并非独立发挥其作用，而是相互交织、共同影响着美国高等体育教育发展的整个演变进程。

第二节　联邦和州的政策及立法

一、联邦的政策及立法

虽然美国的高等教育是高度自治、分权管理的，但是美国联邦政府还是通过政策或立法对高等教育及高等体育教育的发展起到了一定的干预和调节的作用。在美国高等体育教育发展历程中起到影响作用的联邦政策或立法主要有以下几个。

第一个是1944年颁布的《退伍军人再适应法》，该法为复员军人设置了奖学金，掀起了大批退伍军人进入大学校园的浪潮，进而也增加了接受高等体育教育的人数，从1932年的20000人发展到了1947年的65000人。在这一法律的影响下，高等体育教育办学机构的数量和师资、学生等人数都急剧增长，在规模上出现了大幅度的扩张，为高等体育教育的发展规模奠定了基础。

第二个是1958年颁布的《国防教育法》。1957年美国和苏联的“太空竞赛”引发了美国联邦政府对科学的重视，加大了其对高等教育的干预力度。1958年联邦政府颁布了《国防教育法》，增加了对高等教育的拨款，而这种拨款的形式正是联邦政府干预高等教育的一种重要方式。干预的方式之一就是设置了“国防学习贷款”，用以资助更多人接受高等专业教育，因此这也激发了高等体育教育入学人数的提升，到1960年时体育教育者已经发展到了125000人，整个高等体育教育的学生规模出现了井喷式的增长。

第三个是1965年颁布的《高等教育法》及后续一直在该法基础上不断修订的《高等教育法修正案》等。《高等教育法》及其修正案设置的“佩尔助学金”等学生资助体系，继续使大学生人数直线上升。另外，其对办学机构的财政资助、专业人才的培养及认证机构的规定和要求等各个方面做出了说明，为美国高等体育教育的发展也起到了导向性作用。其中最重要的是联邦政府对高等教育的资助经费减少，高等体育教育机构开始寻求其他资金资助方式。在其他的资助方式中，联邦研究基金资助是其中非常重要的一项资助方式，因此，这也导致了较易获得研究基金资助的运动科学专业开始繁荣，改变了原有的以体育教育专业为主的专业师资的组成结构模式。

第四个是1972年颁布的《教育法修正案第九条》，该法案规定“任何人都不能因其性别原因而被排除在接受联邦资助的任何教育或活动计划之外，被剥夺此类计划或活动应有的待遇，或被歧视”。该法案是美国第一个针对性别平等的联邦法案，增加了女性的受教育机会，也增加了她们参加体育运动的机会。办学机构为女性提供了与男性平等的受教育权利和参加体育运动的权利。女性参加运动比赛的人数显著增加，从1971年的29万多人增加到1981年的181万多人[①]，相应地，女运动员的女教练员比例也达到90%[②]。可以看到，该法案不仅增加了美国女性参加体育运动的数量，也增加了体育专业教育中女性的数量，使得越来越多的女性在体育领域中发挥作用。

第五个是关于残疾人教育的法案，有1975年颁布的《所有残疾儿童教育法》（*Education of All Handicapped Children Act*）及1990年颁布的《残疾人教育法》（*The Individuals with Disabilities Education Act*）等法案，这些法案规定了要保证残障人士接受适当教育的权利，推动了美国高等体育教育中适应性体育教育的发展，扩展了体育专业的范畴。这些法案要求向有特殊需求的学生提供教学、咨询及指导计划。2004年颁布的《残疾人教育改善法》（*The Individuals with Disabilities Education Improvement Act*）和2008年颁布的《美国残疾人法案修正案》（*Americans with Disability Act Amendments Act*）为残疾人获得特殊的教育制定了相应的指导方针，为适应性体育教育的进一步发展提供了政策指导。此外，

---

① 展恩燕，胡惕.《教育法修正案》第九条对美国高校女子体育的影响及启示［J］. 体育文化导刊，2015（8）：161-166.

② 陈亦水. 这个“妇道人家”“太彪悍”：柏妮丝·桑德勒与美国《第九条法案》的诞生［N］. 中国妇女报，2016-01-12（B2）.

联邦政府也通过了用于培训和研究的资金拨款计划，用来支持教师培训和关于适应性体育研究的发表，这些联邦的政策和立法均使得适应性体育教育相关专业的地位得到了增强。

第六个是联邦政策的影响。从艾森豪威尔总统执政开始，联邦政府就比较注重体育对体质健康的影响。受第二次世界大战的参军人员体检报告和 20 世纪 50 年代美国体质测试报告提出的健康危机影响，1956 年艾森豪威尔总统成立了“总统青少年健康委员会”，用来开展对体质健康的研究，以解决美国出现的体质健康问题。随后美国联邦政府于 1979、1990、2000 年分别编写了一系列关于体育健康方面的报告。此外，美国联邦政府出台的《健康公民 2000》《健康公民 2010》《健康公民 2020》等健康政策进一步推动了美国体育在健康方面发挥的作用，将体育与促进健康紧密地联系在一起，提升了体育专业人员的重要地位。1996 年美国发布的《身体活动和健康报告》及 2008 年发布的《美国人体育活动指南》都说明了身体活动对健康的促进作用，并为不同的人群在促进健康方面提供了具体的身体活动指导。在这些政策的影响下，美国高等体育教育办学机构在人才培养、科学研究及社会服务上也都围绕着健康和身体活动开展。到演进为运动机能学时期，运动机能学核心课程设置的内容都是以健康和身体活动为主的，办学机构的目标也将传播健康和体力活动的知识和科学研究等内容放在了非常重要的位置上。可以看出，联邦政策对美国高等体育教育的发展方向起到了一定的指导性作用。

二、州立法

如果说联邦政策及立法是从国家角度宏观调控和指导高等体育教育的发展，那么州立法对高等体育教育的影响则相对更为具体和细化，州立法的内容涉及教育的诸多方面，也相对更加具有稳定性和系统性。例如，州立法明确了体育教育的时间分配、财政资助、教师培训、课程要求和毕业要求等具体条件，对美国高等体育教育的发展起着引导性的作用。

最早发挥影响作用的州法是关于体育教育必修课程的立法，早在19世纪60年代，加利福尼亚州公立教育部门的负责人约翰·斯威特对此发挥了重要的作用，促进了该州法于1866年产生，要求加利福尼亚州的公立学校将体育课程列为必修课程。该州法为后续各州对体育教育的立法树立了良好的示范。在20世纪以前，北达科他州和俄亥俄州也通过了有关学校体育的州法。①在1902年明尼苏达州阿波利斯举行的美国教师大会提出所有的州都有必要制定有关体育教育的州法。

此后1914年的第一次世界大战对州立法产生了重要的刺激作用，战后各州纷纷对体育教育课程进行了强制性的立法，从1919年到1921年就有17个州制定了相关法律，其他州则修订了之前的法律②，发展到1930年时，有39个州颁布了体育教育法。州立法不仅提高了体育教育在学校中的课程地位，同时也引起了学校对体育教师的需求，增加了高等教育办学机构对体育教育专业的兴趣，促进了体育专业教育的发展。体育专业教育办学机构的数量从1914年的14所，增加到了1921年的70所，到1940年时已经增加到了209所。③

但是，州立法也受到外界因素的影响，如在经济不好的"大萧条"

---

① ZEIGLER E F. American sport and physical education history（to 1975）：an anthology［M］. Bloomington：Trafford Publishing，2009.

② VAN DALEN D B，MITCHELL E D，BENNETT B L. A world history of physical education：cultural，philosophical，comparative［M］. Englewood Cliffs，New Jersey：Prentice-Hall，1953.

③ RICE E A. A brief history of physical education［M］. New York：A. S. Barnes and Company，1926.

时期，州立法取消了关于体育教育课程的要求，从而对整个体育学领域产生了较大的影响，造成体育师资过剩，失业率上升，另外，因为供过于求，也造成了体育教师标准的提升。

到1949年时，总共有41个州颁布了关于体育教育的法律。[①]在美国高等体育教育的发展历程中对体育教育课程立法的州的数量演变如图8-1所示。[②]关于体育教育立法的州的数量起起伏伏，这也直接或间接地影响着体育专业教育各个组成要素的变革。

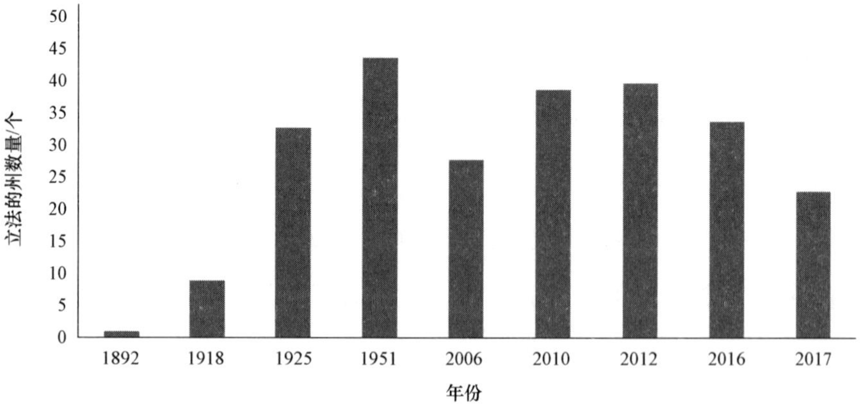

图8-1　美国对体育教育课程立法的州的数量演变

州立法对美国高等体育教育的影响还体现在对整个体育学领域的统一管理上，各州通过制定法规、标准和规章提出了具体的要求，将健康、体育和娱乐休闲等专业划分到整个体育学领域下进行统一管理，各州的健康和体育负责人不仅要管理健康教育和体育教育，而且还要管理娱乐、安全教育和残疾人或残疾儿童的教育，还要加强州内健康

① VAN DALEN，DEOBOLD B，ELMER D，et al. A world history of physical education: Cultural，philosophical，comparative [M]. New Jersey: Prentice-Hall，1953.

② VAN DER MARS H. Policy Development in Physical Education… The Last Best Chance? [J]. Quest，2018，70（2）：169-190.

和教育部门之间的合作。

综上所述，这些联邦和州的政策或立法的颁布极大地影响了美国高等体育教育的发展，在办学机构的发展规模、课程专业的设置标准、人才培养的发展方向上都起到了指导作用。

第三节　协会和组织机构

在美国高等体育教育的发展过程中，各类学术性的协会或组织机构均发挥了至关重要的作用，做了大量的贡献。可以说，美国高等体育教育的发展成就离不开美国体育专业各组织协会的帮助和推动，各组织协会也始终伴随着美国高等体育教育的发展而发展，一路走来，它们相辅相成，互相成就。对美国高等体育教育具有影响作用的协会和组织机构有很多，本书选取了几个主要的协会和组织机构代表进行说明。

其中最重要的协会之一是现在的美国健康与体育教育者学会（Society of Health and Physical Educators America，SHAPE America）。它在美国高等体育教育的发展历程发挥着主导的推动作用。1885 年安德森博士在纽约布鲁克林召集了众多体育教育者，组成了体育教育促进协会，最初参与该协会的许多专业人员都是拥有医学博士学位的医生，他们认为体育对健康有益，因此都投身到体育学领域的发展中来。[①]该协会建立的目的是方便体育教育者之间进行思想交流，统一和规范美国的体育教育，促进体育教育的发展。随着领域范围的扩大和内涵的变迁，该协会名称经历了七次变更（表 8–1），最新的名称于 2013 年改为美国健康与体育教

① WUEST D A，BUCHER C A. Foundations of physical education，exercise science，and sport [M]. New York：McGraw-Hill College，2003.

育者学会。

表 8-1　美国健康和体育教育者协会的名称演变

时间/年	协会的中文名称	协会的英文名称	缩写
1885	体育教育促进协会	Association for the Advancement of Physical Education	AAPE
1886	美国体育教育促进协会	American Association for the Advancement of Physical Education	AAAPE
1903	美国体育教育协会	American Physical Education Association	APEA
1937	美国健康和体育教育协会	American Association for Health and Physical Education	AAHPE
1938	美国健康、体育教育和休闲协会	American Association for Health and Physical Education and Recreation	AAHPER
1974	美国健康、体育教育和休闲联合会	American Alliance for Health, Physical Education and Recreation	AAHPER
1979	美国健康、体育教育、休闲和舞蹈联合会	American Alliance for Health, Physical Education, Recreation and Dance	AAHPERD
2013	美国健康与体育教育者学会	Society of Health and Physical Educators America	SHAPE America

在美国高等体育教育的发展历程中，该协会起着重要的作用。主要体现在以下三个方面。

第一，该协会通过组织年度会议对美国高等体育教育的人才培养、课程内容和专业发展等情况进行主题讨论，提出相关建议以促进美国高等体育专业教育的发展。例如，为了提高体育教育人才的培养质量，该协会分别在 1918 年、1948 年、1950 年、1962 年、1974 年、1980 年等举办了关于体育专业本科或研究生的人才培养会议，这些会议提出了关于健康教育、体育教育和休闲娱乐教育专业的培养机构、课程设置、培养目标等各方面的建议和指导，为推动体育专业教育的课程发展和人才培养建设做出了非常重要的贡献。

第二，该协会通过其创办的学术期刊或发表的著作传播了体育知识、专业思想和最新的科研成果等，奠定了体育学领域的理论基础，提高了学术研究水平。该协会最早于 1896 年出版了学术杂志《美国体育评论》，现已更名为《体育教育、娱乐与舞蹈杂志》(*Journal of Physical Education, Recreation & Dance*)；后于 1930 年创办了《研究季刊》，1960 年该刊物专门从运动生理学、运动心理学、动作学习和运动康复的科学角度讨论了体力活动对健康影响的主题，加深了人们对体育科学性的认识，该刊物现在已经更名为《训练与运动研究季刊》(*Research Quarterly for Exercise and Sport*)。另外，该协会在 1949 年组织出版了著作《健康、体育与娱乐研究方法》，这本书由 40 位专家撰写而成，旨在规范学术研究等活动，促进体育科学研究向前迈出了重要的一步。不论是学术期刊还是研究著作，它们都有效地促进了体育学领域的研究发展，更广泛地传播了体育专业的知识和思想，提升了体育专业的学术性。

第三，该协会通过确认权威的认证机构和标准颁布机构，来提升体育学领域发展的规范化和标准化。例如，以体育教育专业为例，该协会认可了 NCATE 作为体育教师的认证机构，并认可了 NCATE 批准的体育教育项目。自 1964 年 6 月 1 日之后，州教育部门只能向经 NCATE 认可的机构的体育专业毕业生颁发教师资格证书，而且只有获得认可的机构的体育专业毕业生才能被聘为体育教师。2001 年该协会下属的分支协会 NASPE 与 NCATE 共同制定了美国体育教育专业本科、硕士和博士的标准。这些举措都促进了体育学领域向着标准化的方向迈进，提升了办学的质量。

第二个对美国高等体育教育具有重要影响力的组织机构为美国运动机能学研究院，它对美国高等体育教育的科学研究和专业学科建设具有较大的推动作用。该组织是由古利克于 1904 年建立的体育教育学院（Academy of Physical Education）发展而来，其最初的目的是“将从事体育锻炼科学工作的人员集中起来，以促进体育锻炼科学工作的发展”。1926 年，该组织发展为美国体育教育研究院（American Academy of Physical Education），其在 1930 年的章程中，将目的设定为“提升体育教育领域的知识，提升它的标准以及维护它的荣誉”。1993 年，该组织更名为美国运动机能学与体育教育研究院（American Academy of Kinesiology and Physical Education），2010 年又改名为美国运动机能学研究院。

自创建以来，美国运动机能学研究院就在体育教育相关的教育、科学和立法意识等问题上都有所建树，并随着社会发展和需求的变化，不断地扩展自己的领域范畴，通过其会员、奖励、时事通信和出版物为美国高等体育教育做出贡献。例如，从 1926 年开始，它就将在体育学领域学术研究中做出杰出成就的学者评为院士，以表彰他们的贡献，也用来激励其他的体育专业人员。该院所评的第一位院士是赫瑟林顿，并每年为在体育学领域中做出突出成绩的学者授予以其名命名的“赫瑟林顿奖”。至今为止，该院已经有将近 600 名体育相关学者评选为院士，其中华人学者吉力立、陈昂和朱为模等教授名列其中。另外，该院还将国际体育学领域中有突出贡献的学者选为国际院士，其中包括我国上海体育学院的陈佩杰教授和刘宇教授。

另外，美国运动机能学研究院也通过年度学术会议和期刊杂志《运动机能学评论》（*Kinesiology Review*）等来传播体育领域的新知识，促进体育相关科学研究的发展，建立体育学领域的知识体系。在美国高等体育教育的学科化发展时期，研究院组织了对体育学科知识体系的探究，确定了运动生理学、运动生物力学、运动心理学、动作学习、体育社会学、体育教育等研究领域。在美国高等体育教育演进为运动机能学时期，美国运动机能学研究院在每年的年度会议上都会确定一个讨论的主题①，如表 8–2 所示，通过对这些主题的研究来发展体育学领域的新知识，并对体育学的发展现状进行分析并提出建议。

表 8–2　美国运动机能学研究院历年年度会议的举办城市及其研讨主题

年份	举办城市	会议主题
2020	罗得岛州普罗维登斯市 （因新冠疫情而取消线下会议）	运动机能学的社会正义势在必行
2019	华盛顿州贝尔维尤市	人体表现的优化
2018	伊利诺伊州芝加哥市	体力活动和久坐行为： 独立或相关的公共卫生问题
2017	弗吉尼亚州阿灵顿县	运动形式、功能和技巧
2016	新墨西哥州阿尔伯克基县	运动机能学前沿
2015	宾夕法尼亚州费城县	积极老龄化：从细胞到环境
2014	得克萨斯州奥斯汀市	体育活动：改善健康，减少残疾发生
2013	科罗拉多州科罗拉多斯普林斯县	反思运动机能学研究的过去并展望未来
2012	俄勒冈州波特兰县	终身体力活动
2011	明尼苏达州明尼阿波里斯市	运动机能学研究：对社会的影响
2010	弗吉尼亚州威廉斯堡县	连接运动机能学和社会
2009	加利福尼亚州圣地亚哥县	学院内的运动机能学：繁荣与生存
2008	伊利诺伊州芝加哥市	运动机能学的前沿研究
2007	佐治亚州萨凡纳县	二十一世纪的运动机能学
2006	亚利桑那州图森市	运动机能学：定义本学科的学术核心
2005	得克萨斯州达拉斯市	继续传承——运动机能学和体育 教育 75 年的领导力

① National Academy of Kinesiology. History of meeting locations and themes [EB/OL]. [2020–2–10]. http://nationalacademyofkinesiology.org/SubPages/Pages/History%20of%20Meetings.

续表

年份	举办城市	会议主题
2004	伊利诺伊州芝加哥市	运动和可动性
2003	佐治亚州松木山	肥胖和体力活动
2002	亚利桑那州图森市	未来师资的培养
2001	会议因 9 • 11 事件而被取消	
2000	威斯康星州日内瓦湖市	坚持锻炼计划和体育活动
1999	佐治亚州松木山	残疾和老龄化
1998	犹他州帕克市	讲述我们的故事
1997	伊利诺伊州布卢明代尔市	迎接 21 世纪高等教育的挑战
1996	马萨诸塞州丹佛市	运动机能学与体育中的科技
1995	科罗拉多州韦尔市	生命质量：运动、健康和健身

1997 年的年度会议以“迎接 21 世纪高等教育的挑战”为主题，针对体育学在高等教育中的定位进行了讨论；2002 年的年度会议以“未来师资的培养”为主题，对体育师资的人才培养等进行了讨论；2006 年的年度会议以“运动机能学：定义我们学科的学术核心”为主题，对体育专业的核心知识进行了讨论。

美国运动机能学研究院还通过建立专业的评估体系对办学机构体育博士的学科质量进行评估，以此来促进体育专业教育的发展。该研究院从 2000 年开始就着手对办学机构的体育博士学科进行质量评估，每五年评估一次，至今已经公布了 2005 年、2010 年、2015 年、2020 年四次体育博士学科的评估结果。各项质量评估数据有助于各办学机构知己知彼，掌握自身发展的长处和不足，调动体育学科内部良性竞争的积极性，有力促进体育研究生的质量提高，并为体育学科研究生层次的发展建立标准和指导。此外，该研究院还通过十年的艰辛努力让“运动机能学”成为体育领域的统称获得了美国科学研究委员会的认可。美国科学研究委员会将“运动机能学”列入学科分类体系中进行评定，不仅让体育专业领域统一了共同的专业辨识名称，也提高了运动机能学专业的学术地位。

其他对美国高等体育教育发展具有较大影响作用的组织机构还有美国运动医学会、美国高等教育运动机能学协会（National Association for Kinesiology in Higher Education）和美国运动机能学协会（American Kinesiology Association）。

美国运动医学会于 1954 年由体育教育者和医生共同创立，在短短 60 多年的发展历程中，一跃成为美国最有影响力的组织协会之一，拥有来自 90 个国家的超过 50000 名会员和经过认证的专业人士。该学会始终关注社会发展中出现的健康问题，如肥胖、老龄化等问题，主要通过推动和整合运动科学和运动医学相关的科学研究来促进体育学领域的教育和实践应用价值，从而对体育专业的繁荣发展产生推动作用。目前该学会的年度会议参会人数已经超过了曾经一度最受欢迎的美国健康与体育教育者学会年度会议，成为新时期体育领域最受欢迎的学术会议。关于美国健康与体育教育者学会的衰落，主要有以下原因：一方面是体育教育专业的不景气导致这个以体育教育为主的协会逐渐衰落；另一方面是在面对这一时期运动机能学和美国运动医学会的崛起时，美国健康与体育教育者学会进行了大刀阔斧的“改革”，砍掉众多附属的小的专业团体，大大削减学会的科研成分，突出体育教学实践。由于方向错误，尤其是众多附属团体和科研团体的流失，导致了这个百年老牌的学术团体科技含量很低，在短短几年迅速衰落。

美国高等教育运动机能学协会也是促进美国高等体育教育发展的重要协会之一，它主要在科学研究方面对高等体育教育的发展提供支持和帮助，致力于通过对管理人员、教师和学生的指导和构建的联系网络来促进领导力，并提供指导运动机能学领域发展的结构和资源。它下属的学术期刊《探索》（*Quest*）、《训练与运动研究季刊》（*Research Quarterly for Exercise and Sport*）和《国际高等教育运动机能学杂志》（*The International Journal of Kinesiology in Higher Education*）为运动机能学领域的学术成果和思想交流提供了良好的平台。

美国运动机能学协会成立于2007年，旨在推动运动机能学作为一个统一的研究领域以促进和增强运动机能学的发展，并专注于提升该领域中的各类职业机会，推动运动机能学相关的应用。该协会通过为运动机能学办学机构的管理人员提供该领域发展相关的资源材料和教育相关的领导力培训来帮助运动机能学办学机构获得发展。与美国运动机能学研究院侧重科学研究不同的是，它主要侧重于办学机构本科层次的工作，且主要为体育专业的办学机构提供指导、帮助和服务。虽然该协会是在美国高等体育教育演进为运动机能学时期建立的，对整个美国高等体育教育发展历程的影响时间较短，但是它对推动“运动机能学”作为体育领域的统称做出了卓越的贡献。首先，其通过创办学术期刊、著作等来发表关于运动机能学的研究成果，并以此推动了运动机能学影响力的扩大。其次，其通过构建运动机能学专业的核心课程，确定该专业具有标识性的知识系统，为整个领域提供了共同的学科基础。例如，该协会在2009年便举办了一个全国性的研讨会，对运动机能学的核心课程进行了研究，提出了专业的核心知识体系和专业人才培养的共性特征；随后于2014年确定了核心课程的组成部分，明确了运动机能学专业的学生应该具备的核心知识和能力。

其他各分支学科的学会，如国际运动生物力学学会、体育史协会、体育管理协会、应用运动心理学促进协会等，也为美国高等体育教育分支学科的发展、融合和创新发挥了重要的推动作用。这些组织和协会通过各种类型的会议、学术杂志、著作、培训和活动将体育领域的学生、教师和学者组织团结在了一起并让他们互相交流思想，还制定了各类标准和政策，向公众传播体育相关知识，向政府提出决策建议，为美国高等体育教育的进步发挥了巨大的作用。在这些组织和协会的共同努力和推动下，美国高等体育教育才得以不断地蓬勃发展。

第四节　体育先驱领导者

纵观美国高等体育教育的发展历程，不同的时期都有不同的体育教育领导者们对行业的发展发挥着至关重要的引领作用。他们具有创新的精神、先进的理念和实干的精神，这些体育教育的领导者们对美国高等体育教育的发展起着关键性的影响。可以说，没有这些优秀卓越的体育领导者，美国高等体育教育的发展也不会获得成功。

在美国高等体育教育的萌芽时期，美国体育专业教育从无到有，凭借的就是体育教育先驱者们对体育教育领域的热爱、激情和憧憬，就是他们开创了前所未有的体育教师培训学校兴起时期。这些体育教育的领导者们完全靠着自发性的开拓者精神和不怕失败的创业者态度为美国的体育专业教育奠定了坚实的基础，拉开了美国高等体育教育发展的序幕。

对美国高等体育教育发展的早期具有深远影响的体育先驱领导者之一就是萨金特博士。他以极大的热情和精力投身于体育教育行业，发明了可以帮助人们提高身体素质、改善健康的体操系统、方法及设备仪器。[①]他

---

① WACKER H M. The history of the private single-purpose institutions which prepared teachers of physical education in the United States of America from 1861 to 1958［D］. New York：New York University，1960.

创办的萨金特健康体操馆和哈佛暑期体育学校，为培训的学生提供了当时全美国最好的教学和指导。这些学生将萨金特博士的教育思想广泛传播后，很多人都慕名到萨金特博士开办的学校来学习。在萨金特博士四十年的职业生涯中，他对体育专业教育的人才培养、课程设置和教学方法体系等领域都产生了深远的影响。[①]著名的体育教育历史学家莱纳德对萨金特博士的评价是“在这个时期，萨金特博士对体育教师培训的贡献和影响比美国任何其他人都更为广泛”[②]。

另一名毕业于萨金特创办的学校的学生汉娜对美国体育教育的未来产生了巨大的影响，她深信体操教学应该建立在科学的基础上，才能达到真正的健身目的。[③]在这个理念的支持下，她在任教的欧柏林学院于1886年便开始了为期一年的早期体育教师培训课程，这也是在私立大学开设的第一门体育专业课程。[④]她的课程培养了大批的体育行业领导者，包括威廉姆斯、伍德、伦纳德和古利克等后期的领导者。同时她把在萨金特博士那儿学习到的思想也传播给了其他的体育教育者，如古利克就是在她的影响下，专程来到了萨金特博士这里学习的。

古利克也是早期著名的体育先驱领导者之一，他曾担任基督教青年会国际训练学校体育系的负责人，凭着敏锐的头脑制订了通过运动、娱

---

① VAN DALEN D B，MITCHELL E D，BENNETT B L. A world history of physical education：cultural，philosophical，comparative［M］. Englewood Cliffs，New Jersey：Prentice-Hall，1953.

② LEONARD F E. A guide to the history of physical education［M］. Philadelphia：Lea & Febiger，1923.

③ ZEIGLER E F. A history of professional preparation for physical education in the United States［D］. New Haven：Yale University，1950.

④ PALMIOTTO A J. An assessment of selected undergraduate professional preparation programs in physical education in the United States［D］. Champaign：University of Illinois at Urbana-Champaign，1971.

乐和教育来促进身体健康的体育教育计划。他注重课程的科学性，他的课程理念不仅对基督教青年会国际训练学校的体育发展有很大的影响，同时也极大地促进了体育教育领域的发展。另外，他倡导青少年体育健康，推广休闲运动，建议通过教育、健康和社会参与来丰富人类的生活。为了纪念古利克对体育教育领域的贡献，美国健康、体育教育、休闲和舞蹈联合会还专门设立了以他名字命名的年度“卢瑟·哈尔西·古利克”奖，以奖励为体育专业服务的人。

除了对体育教育领域有重要影响的体育领导者们，还有各高等教育机构的领导者们，尤其是体育院系或专业的系主任们对该系的高等体育教育的发展发挥着重要的引领作用。很多对高等体育教育的案例分析研究，均将办学机构的领导任期作为该机构发展的时期划分标准，不同领导者的办学理念和教育思想都影响着该机构的发展趋势和走向。

在本书中作为案例分析的美国伊利诺伊大学香槟分校运动机能学院系的发展历程，就是得益于几任院系主任的卓越领导才能，才让该院系获得了学校董事会的认可，获得了办学的发展空间，随后，也是受益于领导者的先进理念，该专业才引进了优秀的师资人才，开设了各类实验室，提升了研究水平，进而才让该院系的发展在激烈的竞争环境中立于不败之地。在本书的访谈中，该院系的教授谈到运动机能学专业的地位时，认为该院系与学校其他发展极好的院系（如工程学院等）相比，毫不逊色，因为运动机能学院系无论在教学、科研还是在社会工作方面均有同样突出的成绩。而这些发展的成就，都是在历任院系主任等人的卓越领导下，通过不断的创新和发展改革才取得的。

第五节 体育思想

在美国高等体育教育的发展历程中，体育思想也在一定程度上影响着美国高等体育教育的发展趋势和走向。例如，在萌芽时期大量欧洲移民进入美国，美国体育专业教育的发展受欧洲体育教育思想的影响，体育活动以德国体操、瑞典体操和法国体操等体操形式为主，正式体操的训练方式及以“肌肉力量”为主的锻炼模式被推崇，以促进个体的身体健康为发展目的。

到了 19 世纪末期，体育专业教育的发展受到以杜威为代表的进步主义思想的影响，由伍德提出了“自然体操”的概念，注重自然化和以人为本的发展理念，摆脱了萌芽时期正式体操的束缚，后续在赫瑟林顿和威廉姆斯的支持和推动下，最后完全形成了具有美国特色的“新体育”教育思想。“新体育”教育思想主张人的全面发展，以及通过身体活动进行教育，在 20 世纪初成为当时流行的体育发展思想，影响了体育课程的活动内容，拓展了体育专业的范畴，体育专业人士也由医生向体育教育者转变，体育教育领域的重心也由个体的健康向整体的教育方向转变。

发展到 20 世纪 50 年代时，由于对参军入伍者进行体检的结果和 1953 年的克劳斯—韦伯体质测试的结果均表明美国人的体质健康状况不容乐观，时任美国总统艾森豪威尔于 1956 建立了“总统青少年健康委员会”，促进了全社会对体质健康的关注和重视，掀起了“体质健康”的思想风潮，慢慢替代了之前所流行的“新体育”教育思想。体质健康的体育思想带来了相关学者对体质健康的研究兴趣，建立了大量的研究实验室，促进了与体质健康相关的新知识的研究和创新。

发展到20世纪90年代时，美国疾病控制与预防中心的调查显示美国有一半以上的人群没有达到推荐的身体活动量，这加大了美国政府对公民健康的担忧和重视，进而推出了一系列关于“健康公民”的政策，呼吁人们参与体力活动，促进身体健康。“体力活动与健康促进”体育思想成为新一时期的发展趋势。美国高等体育教育的培养目标和课程内容也都与此密切相关。

第九章

美国高等体育教育发展的经验和教训

美国高等体育教育的发展历程并非一帆风顺，而是始于筚路蓝缕的创业过程，历经崎岖坎坷演变而来的。它在办学实践中通过不断地调整和适应社会发展，才形成了如今较为成熟的教育体系和发展模式。从其发展历程中我们可以总结出宝贵的奋斗经验，同时也可以对其发展教训进行反思，从而获得对我国高等体育教育发展和改革的有益启示。

第一节　美国高等体育教育发展的经验

一、善于借鉴创新和变革发展

美国高等体育教育随着美国的经济、社会、教育和政治文化的发展而不断发展，并且取得了令人瞩目的成绩。其在一百多年的发展历程中，建立起了完善的高等体育教育体系，为美国体育行业培养了众多优秀的人才，为美国经济社会的发展做出了突出的贡献，使美国成为世界上具有高度影响力的高等体育教育强国。回望整个发展历程，美国高等体育教育能取得如此突出的成绩与其在借鉴中创新，在创新中变革，在变革中发展有着不可分割的关系。

美国体育专业教育最初受欧洲的影响，在德国体操体系和瑞典体操体系的影响下，它汲取了两套体操体系的优点，创立了美国特色训练体系。它从职业培训逐渐发展为专业培训，再到学科科学化，形成了自己的知识体系；从高等教育中不被重视到获得尊重和地位，并成为高校中专业人数最多的学科之一；从传统的单一的体育教育专业仅培养体育教师，到发展为多个分支学科的体育学领域，培养各个行业领域的人才；体育专业的领导者从医学人员转变为体育教育学人员；学科领域从教育领域扩展到健康领域。

纵观美国高等体育教育发展的百年历程，它经历了很多变化，已经从一个由自学成才的“业余人士”推动的体系发展到一个由科学和医学专业人士支持的体系，从一个仅受十周专业培训的教师体系，发展到一个拥有本科、硕士和博士学位的完整的教育培养体系。美国高等体育教育已经成为一个广泛而复杂的领域，也是一个学者和实践者共存的领域。美国高等体育教育通过不断的变革来巩固其在高等教育中的地位，在发展中寻求变化，在变化中谋求更好的发展，通过持续的变革，完善自己，与时俱进，终于在竞争激烈的美国高等教育系统中占有了一席之地。

二、力争政府立法和政策支持

在美国高等体育教育的发展历程中，联邦政府和州政府产生了重要的影响。无论是在办学规模、课程设置、人才培养还是财政支持上，美国高等体育教育都受到了政府的政策或立法的干预或调节。因此，在发展的历程中，美国高等体育教育一直在努力争取联邦和州政府的政策和立法支持，为其发展提供前进的动力。

例如，早在 19 世纪 60 年代加利福尼亚州的教育负责人约翰•斯威特便推动体育教育课程进入校园，在他的不懈努力下，加利福尼亚州于 1866 年制定了关于要求公立学校将体育课程列为必修课程的立法。此后，其他州的体育教育工作者也推动了关于体育课程的州立法。州立法对体育课程必修的要求及州立法后续加入的对体育专业教育人才培养、办学机构的具体规定等都有力地促进了体育学领域的向前发展。

除了争取立法的支持外，美国高等体育教育在发展中也力争获得政府在政策方面的支持。第二次世界大战后美国民众面临体质健康危机，体育学领域开展了关于体质健康方面的一系列研究，在《健康教育、体育教育和休闲娱乐》学术期刊上，从 1956 年到 1958 年连续三年都刊登了关于青少年体质健康方面的研究论文，促进了时任总统艾森豪威尔对体质健康的重视，一系列相关体育健康的政策和计划也相继得以推出。20 世纪 90 年代，随着学科的深入发展，关于体力活动与健康关系的研究越来越多，身体活动能够促进人体健康已经成为毋庸置疑的事实，“健康公民”政策的推出进一步提升了体育专业教育和相关科学研究的作用和地位。

简而言之，美国高等体育教育在发展的过程中努力争取联邦和州政府的政策和立法支持，才使美国高等体育教育获得了更好的发展。

三、重视科学研究和知识体系建立

对体育学领域科学研究的重视应该是美国高等体育教育获得快速发展的重要经验，也是提升高等体育教育在高等教育中地位的重要手段。美国体育专业教育在发展的初期有针对身体测量、运动生理等方面较为粗浅的科学研究，但只在少数的大学中被开展和应用；发展到 20 世纪 50 年代，高等学校陆续建立实验室，逐渐增加了科学研究的基础；到 20

世纪60年代，在美国高等教育科学化呼声的提高及体育教育学术水平低等多重因素的推动下，体育学领域相关学者开始重视科学研究。美国高等体育教育在学术上的卓越成就，为其赢得了地位，也赢得了各学术领域学者的尊敬。

在重视科学研究的同时，美国高等体育教育也建立了完善的学科知识体系。在亨利呼吁将体育教育确定为一门学术学科后，不同领域的相关研究蓬勃发展，日渐成熟，随之而来的各个子学科也发展起来。更重要的是，研究和学术的爆炸性增长为该领域提供了前所未有的实质性知识基础。在过去的发展过程中，美国学者为建立一个以研究为基础的知识体系所做的努力取得了成功。有美国学者甚至断言，如果美国高等体育教育这门学科没有发展成熟，那么现在的体育教育、运动和体育科学可能会从大多数研究型大学的学位课程中消失。可以说，体育学作为一门严谨的学术学科的建立，不仅提升了体育学科的科学化发展水平，完善了体育学知识体系，也增强了高等体育教育在高等教育中的生存地位。

四、获得协会和组织机构的帮助

美国高等体育教育成功发展的经验必然有协会和组织机构的鼎力相助。这些协会和组织机构不属于高等体育教育，但是又是高等体育教育发展中不可分割的一部分。协会和组织机构在推动体育专业教育的人才培养、课程设置和办学机构等方面发挥了重要的推动作用。各协会和组织机构之间密切合作，积极参与协会和组织机构的会议，发表学术研究成果，分享交流体育思想，提升了办学的质量，增强了研究的学术水平，促进了高等体育教育的科学化发展。其中对美国高等体育教育帮助最大的协会和组织机构有美国健康与体育教育者学会、美国运动医学会、美国运动机能学研究院、美国运动机能学协会和美国高等教育运动机能学协会等。

另外，美国高等体育教育办学机构与认证机构的合作促进了体育专业教育质量的提升和标准化的发展。在美国专业教育发展中，已经有至少五个认证机构，如美国教师教育国家认证委员会、体育管理认证委员会、美国教练教育国家认证委员会、运动防护教育认证委员会（Commission on Accreditation of Athletic Training Education）、训练科学认证委员会（Committee on Accreditation for the Exercise Sciences），它们分别为体育教育专业、体育管理专业、运动防护专业等专业的设置和发展制定了资格的标准和相关的制度。这些质量认证和标准从各个维度促进了高等体育教育的发展。

五、适应社会的发展和需求

美国高等体育教育的演变历程并不是直线上升、一帆风顺的，而是呈螺旋形蜿蜒曲折却仍不断攀升的过程。在百余年的历程中，它也曾遇到挫折和困难，即使发展到现在，仍然面临着不少的挑战。但它在整个历程中比较宝贵的经验也包括能很好地适应社会的变化，满足社会的需求，不断地调整和完善自己，这促使美国高等体育教育在美国高等教育中获得继续发展的一席之地。

在发展初期，当面临着军事体育挑战的时候，美国体育专业教育通过调整目标体现自己的教育功能来应对危机；当经济大萧条、人才过剩时，体育专业教育提升人才培养的标准，促进质量的提升；在竞技运动流行、教练员急缺的时期，体育专业教育调整自己的课程设置来培养运动教练以满足社会需求。在发展中期，当面对美国人体质下降的危机时，美国高等体育教育通过对体质健康的研究和对体育专业人才的培养来为社会服务，以满足社会的需求。在现代社会肥胖率和老龄化逐渐攀升的时期，美国高等体育教育聚焦于健康领域来适应社会的发展，满足社会的需求。

可以看出，美国高等体育教育在发展中并没有墨守成规、故步自封，而是以社会市场或行业领域的发展需求为导向，不断地进行灵活调整，与时俱进，紧跟时代发展的步伐，挖掘自身的优势，找到与社会变化和需求相适应的共振点，做到既满足了社会的需求，体现了自身的价值，又获得了进一步发展的空间。

第二节　美国高等体育教育发展的教训

美国高等体育教育在发展过程中既有值得我们学习的成功经验，也有需要我们反思的失败教训。对后者进行深入剖析，有助于我国高等体育教育在未来发展中引以为鉴，避免重蹈覆辙。

一、办学资金来源的不稳定导致办学机构和专业的改变

纵观美国高等体育教育的发展历程，财政资助的来源对其发展有着重要的影响。在美国高等体育教育发展的萌芽时期，由于大多数学校都是由私人投资创办的，其办学和发展受创办人的资金状况和理念的影响较大。当体育师范学校发展到一定阶段时，这些创办人或投资人因为年纪过大而退休或去世后，学校的发展就受到巨大的影响，资金链的断裂导致学校不得不寻求其他的资金资助，管理性质的改变和办学理念的变化，逐渐让这些体育专业学校偏离了创建初衷。

在早期独立的体育专业学校中，除了春田学院继续发展外，其他的

体育专业院校均被取消，或被合并进入其他的大学，成为大学中的一个小院系或专业，有的仍能继续发展，但有的却因为大学经费不足，不支持体育教育方面的课程和专业而被关闭。这些早期体育专业院校大多都未能成为能自行发展的独立的体育专业学校。

发展到大学化体系形成时期和专业化发展时期时，体育教育课程被纳入高校体系，在资金方面受高等教育的财政影响。当高等教育的财政拨款减少时或财政危机严重到需要取消专业时，体育教育专业因为其在高等教育中的地位还不是很高，首当其冲成为深受影响或被取消的对象。

从学科化发展时期开始，体育教育在高等教育中的地位逐渐提升，学术上的成就带来了一定的认可度和受尊重程度。体育教育开始适应高等教育的发展要求，重视科学研究，在国家财政经费拨款下降的情况下，和其他的学科专业一样，也通过基金项目的申请来获得外部的项目资助。这种情况造成了较容易获得外部经费的运动科学专业发展得越来越好，教师和学生人数逐渐增多，而不容易获得经费资助和支持的人文社会学专业则出现了衰弱，教师和学生人数逐渐减少。

另外，美国高等教育财政资助的下降，令学校除了寻求基金资助外，还通过提高学生的学费来获得经费来源。因为体育教育专业的学费过高，而学生毕业后薪资水平不是太高，这导致了该专业的学生的投入和产出不成比例，因此学生人数也越来越少。

由此可知，在美国高等体育教育发展过程中，资金来源的不稳定在任何时期都较大地影响了其办学机构、专业设置、师资和学生人数等情况的发展变化。市场的选择和优胜劣汰固然有其发展的道理，但是保障一门学科或专业领域长期持续的繁荣发展，稳定的资金支持是必不可少的。

二、专业内部的分裂和外流削弱了体育学领域的整体竞争力

美国高等体育教育在发展历程中，曾经出现了一些体育教育分支学科向外部母学科靠拢的现象，这导致了在组织结构上和师资方面，运动机能学专业内部的各个专业和教师转移到了其他学院或学术部门，如运动科学专业的教师转入其他营养食品科学专业或健康科学学院、公共卫生学院，运动心理学专业的教师加入教育心理或学习系统专业，体育教育专业的教师则加入了教育学院或人文科学学院。最初的运动科学和体育教育系被分散为各个更小的单位，这种分裂和外流现象直接导致体育学领域自身的部门越来越小，体育学相关专业之间的合作或协同作用也越来越弱，整个体育学领域分崩离析，这样既不利于教师的发展，也不利于新部门的发展。对于体育学教师来说，很难找到与新部门教师融合的机会。对于新的接收院系来说，将体育学与其现有专业的融合也存在着一定的困难，这进而导致整个运动机能学学科的竞争力下降。另外，隶属于不同的学院或院系，为运动机能学专业的发展提供了完全不同的运行模式，在这样的环境背景下，运动机能学专业的自我身份和特色容易丢失，本领域的核心内容也易逐渐消亡。

三、偏向健康领域对高等体育教育产生的不利影响

美国高等体育教育在发展历程中，似乎出现了“钟摆”效应的现象，从最初 19 世纪与医学息息相关，转变为到 20 世纪时与教育密切相关，而发展到 21 世纪后，随着社会需求的变化，逐渐转向了健康领域，又从教育转向了医学。

目前美国的运动机能学作为医学等健康相关专业的前导专业，吸引了大量的学生，从表面上的学生人数统计数据来看，运动机能学专业的

入学人数是美国大学中所有专业中人数最多的专业之一，似乎呈现出一片繁荣的景象，但是这些激增的学生的后续发展领域并不是在体育教育、体育教练或体育管理等领域，而是将运动机能学专业作为跳到健康专业或医学专业的一个踏板。这最终导致了运动机能学领域人才的流失。而运动机能学专业似乎也是在为“他人做嫁衣”。因此，目前与健康领域相融合的发展趋势对于运动机能学领域来说，并不全是一个乐观的信号。

另外，运动机能学领域以体力活动为核心，向健康领域的转变趋势，对学校的体育课程也带来了一定的冲击。体育课程的目标不再是偏向教育，而是偏向了健康，以公共健康为主要目标的体育教育课程，与学校的偏向教育的发展目标并不一致。有学者认为虽然在目前财政资金充足的情况下，学校课程尚且保留了体育教育课程，未来一旦出现经费不足的情况，与学校的教育目标不一致的体育课程很有可能成为被取消的对象。

第十章 美国高等体育教育发展的启示

第一节 重视科学研究并提高科学研究水平

美国高等体育教育不畏困难危机时期的挑战，还能够将其作为发展转型的机遇。在体育学科的存在价值和重要性受到质疑时，体育界的学者在反思的同时，提出了学科科学化的发展，形成体育学领域的知识基础和体系，同时注重科学研究，让高等体育教育能够继续立足于高等教育体系中，既为自己赢得了尊重，也为高等体育教育赢得了一席之地。

在我国高等教育体系中，高等体育教育也需要作为一门学术学科来发展，要重视学科建设，提升科学研究质量。这不仅有助于我们增强对体育领域新知识的探索和传播，也有助于我们通过科学研究将理论和实践相结合，从各个维度和各个层面提高高等体育教育的重要性和影响力。另外，美国高等体育教育在新的时期将身体活动作为整个领域共同关注的落脚点，通过身体活动的教学、研究和服务，不仅可以将各分支学科团结在一起，也可以与健康领域相融合，通过更大的健康领域发展平台，以社会健康问题为导向，呈现运动机能学的学科理论和应用价值。美国高等体育教育对健康领域的关注和重视，与美国推出的“健康公民”政策和美国老年人口增多、肥胖问题严重、体力活动不足等社会问题有关，因此，体育学者们迅速找到了体育学在健康领域可以发挥的空间，并大展拳脚。

借鉴这一发展经验和发展理念，我国高等体育教育应该及时把握国家经济社会未来发展对体育的需求，要把重点放在关系到国家战略方向、体育能解决的社会问题及未来体育行业发展的瓶颈问题上来，积极参与到为国家战略服务、为所在地区服务的计划中，发挥高等体育教育的特色优势和作用。当前全球格局发生深刻变化，我国社会发展迈入新时代，各行各业的变革无处不在，这些变革带来了诸多挑战的同时，也带来了大量机会。高等体育教育可以，而且应该去勇于迎接和面对这样的挑战，打开开放的大门，站在知识创新的学科领域前沿，推进前瞻性科学研究，与时俱进，开拓进取，做出更大的贡献。

第二节　发挥国家政策立法和财政支持的保障作用

在美国高等体育教育发展过程中，政策立法和财政的变化极大地影响了高等体育教育的发展状况。我国也可以借鉴美国采用政策立法和财政支持等政府干预手段对我国高等体育教育的发展与改革进行宏观调控和长远规划。我国高等体育教育办学机构的规模发展和专业设置等方面可以通过政策和立法加以规定。例如，我国高等体育教育办学机构的布局设置，可以通过国家的政策适当地进行调控。我国运动员的后备人才培养问题，以及退役运动员的再教育和就业问题，都可以通过政策立法和财政支持来得到保障和支持。另外，我国的适应性体育发展状况还不如人意，可以通过政策立法和财政支持来保障残疾人群的受教育权利，重视他们的康复和运动权利，在大学中增加针对残疾人群的适应性体育和康复治疗等专业课程。

近年来，我国出现了对高校实行自治、简政放权或进行市场化管理的呼吁。高等体育教育需要有自我的发展空间，但从美国高等体育教育发展的经验和教训上来看，完全放任自治并不是最理想的办法，高等体育教育的发展还是需要国家从政策立法上进行宏观调控，从财政资助上予以一定的支持和保障。在政府干预、市场调节和高校自治管理中找到理想的平衡点，才是保障高等体育教育长期稳步发展的有效措施。

第三节　重视并发挥组织机构和协会的推动作用

美国高等体育教育发展获得的巨大进步在很大程度上得益于各组织机构和协会的推动作用。美国的组织机构和协会几乎是与高等体育教育同步发展，互相促进，相辅相成的。美国高等体育教育的繁荣使得组织机构和协会的发展越来越好，高等体育教育也随着组织机构和协会的发展变化而变化。我国体育学相关的组织机构和协会近年来也发展迅速，但仍有很大的提升空间，在体育专业的人才培养、课程设置、专业设置方面仍可以大有作为。针对发展过程中遇到的问题，组织机构和协会作为第三方机构可以增进高等体育教育与政府和市场之间的沟通，也可以作为第三方机构发挥对高等体育教育质量的提升和监督功能，帮助高等体育教育办学机构既能保持自治，又能保持与政府沟通，还能保持与社会需求及市场变化进行互动。

第四节　促进体育学领域的凝聚整合和跨学科合作发展

美国高等体育教育的发展历程表明，分裂对体育学领域的发展有害无利。只有将各分支学科团结统一在一起，才能形成壮大的体育学领域，才有可能向更大更强的方向发展。而分裂只会导致竞争力的下降和削弱。因此，我国高等体育教育的发展要引以为鉴，在未来的发展中，将体育学相关专业统一到一起，才能找到更多的发展机会，增强高等体育教育的竞争力。对于我国的高等体育教育发展来说，也需要从组织机构和师资设置方面，将体育学相关的专业和教师们集中在体育学的整体领域范畴中，增加大家对体育学学科的认同和归属感。在课程设置方面，可以通过核心课程的设置，增加体育学领域相关学科的共同知识基础，明确一致的价值和使命追求。

另外，虽然高等体育教育是朝专业化方向和子学科出现的方向发展的，但体育学领域可以通过跨学科合作的方式将各学科团结在一起。在科学研究方面，通过团队或个人的研究模式，从两个或更多的学科或专业知识体系中整合信息、数据、技术、工具、观点、概念和理论去推进基本的理解，或去解决单个体育学科或领域研究实践难以解决的问题。现在跨学科研究在高等教育中非常普遍，在研究、教学和资助的合作中迅速发展。在体育学科中，很多复杂问题的解决同样需要采用跨学科的、基于团队的、问题导向的方法。另外，在体育院系的人才培养方面，为了更好地解决体育领域及社会面临的最重要的问题，也同样需要培养可以跨学科开展工作的新型人才。可以说，体育学一直是并且今后也会是跨学科性质的。因此，我国高等体育教育应该在立足于本学科建设的基础上，以应对社会需求和挑战为核心，加大对跨学科建设的重视，不只是体育学领域内部的跨学科，也包括将知识融入体育学科的研究和教学中的其他学科。

第五节　培养领导创新人才，形成具有中国特色的高等体育教育体系

美国高等体育教育发展的经验告诉我们，优秀卓越的领导人是引领行业发展的导航员，他们具有先进的办学理念、超前的创新意识和快速的应对社会变化的能力，带领着体育学领域朝着正确的方向快速发展。我国高等体育教育也应该培养具有全球视野以及创新思维的领导型人才，这样才能在全球高等体育教育的激烈竞争中做行业的引领者，而不是跟随者，才能积极地站到与全世界高等体育教育同台竞争合作的舞台上，才能站得高，望得远，看得准，才能带领我国高等体育教育可持续发展。

另外，美国形成了具有美国特色的高等体育教育发展模式，美国体育专业教育最初受欧洲的影响，汲取了欧洲体操体系的优点，最终摆脱了外来体操体系的束缚，创建了新的具有美国特色的训练体系，形成了新的体育教育模式，美国最终以后起之秀的发展势头赶超了欧洲等早期体育教育发展先进的国家，成为世界瞩目的高等体育教育强国。中国高等体育教育也要善于“师夷长技”，汲取先进的高等体育教育办学经验，

最终形成具有中国特色、符合中国国情的高等体育教育发展之路，为我们国家的发展和人民的需求服务。

最后，我们正处于一个全球化竞争与合作的时代，美国高等体育教育既是我国高等体育教育发展过程中的重要竞争对手，也是我们合作的重要伙伴。美国高等体育教育的发展历程既有成功的经验，也有失败的教训，我们不必全盘照搬美国高等体育教育的发展模式，但我们可以参考借鉴他们的成功经验，汲取他们曾经失败的教训，跟踪关注他们办学发展中的最新变化，最终形成具有中国特色的世界一流高等体育教育体系。

参考文献

中文参考文献：

［1］北京体育学院图书馆资料室．国外体育院校系科情况介绍：第一辑［A］．北京：［出版社者不详］，1986．

［2］边宇，刘明，吕红芳．美国大学体育的历史沿革及阶段性特征［J］．体育学刊，2013，20（3）：81－84．

［3］曹平，谭希颖，王桂红．美国休闲课程认证标准对我国休闲体育专业课程建设的启示［J］．沈阳体育学院学报，2011，30（2）：113－117．

［4］陈丹．中美特殊体育师资人才培养模式的研究［D］．武汉：武汉体育学院，2007．

［5］陈桂香，冉令华．美国体育教师教育课程的变迁及启示［J］．体育文化导刊，2017（8）：189－192，206．

［6］陈宁，李忠梅．美国高等体育专业教育改革的原因及特征［J］．体育科学，2005（4）：25－27．

［7］陈宁．高等体育院校办学特性和模式的研究［D］．武汉：华中科技大学，2005．

［8］陈亦水．这个“妇道人家”“太彪悍”：柏妮丝·桑德勒与美国《第九条法案》的诞生［N］．中国妇女报，2016－01－12（B2）．

［9］池深，严若艺，余万予，等．中美体育教育专业现行课程设置的比较研究：以美国春田学院与上海体育学院为例［J］．江西教育科研，

2007（11）：101–103.
［10］德兰迪，伊辛. 历史社会学手册［M］. 李霞，李恭忠，译. 北京：中国人民大学出版社，2009：374.
［11］董德龙，刘文明，SEAMUS K. 归属、规模、规制：对中国体育学科发展的认识：一种学科方向探究［J］. 体育科学，2015，35（3）：83–89.
［12］窦红. 中、美体育专业人才培养的比较研究［J］. 广州体育学院学报，2007（6）：115–118，125.
［13］富学新，杨文轩，邓星华，等. 美、英、俄、德高校学科专业设置对我国体育学科体系建设的启示［J］. 体育学刊，2007，14（6）：7–11.
［14］龚正伟，肖焕禹，盖洋. 美国体育政策的演进［J］. 上海体育学院学报，2014，38（1）：18–24.
［15］顾明远. 教育大辞典［M］. 上海：上海教育出版社，1990：71.
［16］郭广. 美国高校体育传播教育的历史沿革［J］. 成都体育学院学报，2007，33（3）：117–119.
［17］国家体育总局科教司. 国外体育院校概况［M］. 北京：人民体育出版社，1999.
［18］何耀慧，汪晓赞，尹志华，等. 美国体育教育专业的改革与发展研究：以印第安纳大学为例［J］. 北京体育大学学报，2015，38（10）：90–97.
［19］侯怀银，郭建斌. “高等教育”解析［J］. 大学教育科学，2016（4）：21–26，124.
［20］黄汉升，陈作松，王家宏，等. 我国体育学类本科专业人才培养研究——《高等学校体育学类本科专业教学质量国家标准》研制

与解读［J］. 体育科学，2016，36（8）：3–33.

［21］黄汉升，葛春林. 中国和美国体育专业博士、硕士学位研究生培养现状与特点的比较研究［J］. 体育科学，1994，14（2）：20–26.

［22］黄汉升. 美国体育管理学专业博士生的选拔与培养计划［J］. 上海体育学院学报，1995（2）：7–11.

［23］黄汉升. 美国体育专业博士、硕士学位研究生培养体制的特点与分析［J］. 上海体育学院学报，1994（1）：85–88.

［24］黄健，张莉清. 美国印第安纳大学运动体育管理专业硕士生培养方案特征研究及启示［J］. 北京体育大学学报，2018，41（10）：102–109.

［25］黄晓灵，黄菁. 美国高校专业体育课程改革的特点及取向［J］. 比较教育研究，2008，30（12）：33–36.

［26］黄义军. 我国世界遗产地民族传统体育：武术非物质文化遗产保护传承研究［M］. 北京：人民体育出版社，2019：202.

［27］黄卓，孟超杰，陈圣逸，等. 英美两国城市化进程中的体育教育改革及启示［J］. 沈阳体育学院学报，2017，36（2）：85–90，127.

［28］贾明学. 美国 CIP 体育学科专业设置分析与启示［J］. 沈阳体育学院学报，2019，38（4）：18–23+56.

［29］李成军. 中美体育管理本科教育培养体制的对比分析［J］. 体育与科学，2011，32（3）：112–115.

［30］李春晓，吴燕丹，吴丽芳. 中美特殊体育师资培养的研究现状与比较［J］. 武汉体育学院学报，2010，44（5）：96–100.

［31］李鸿江，尹军，郝晓岑，等. 中、美、日、英、俄、德六国体育学科研究生培养体制与教育模式的比较研究［J］. 北京体育大学学报，2010，33（5）：69–72.

［32］李鸿江．我国高等体育院（校）系改革与发展的战略研究［D］．福州：福建师范大学，2006．
［33］李荣，方千华．美国春田学院体育教育硕士的培养特征与启示［J］．体育科学研究，2019，23（5）：67-77．
［34］李铁，丁树哲，马业康．美国大学运动科学专业课程体系研究［J］．体育学刊，2010，17（3）：57-61．
［35］李忠梅．从美国体育院系的发展看我国高等体育院校的改革［J］．西安体育学院学报，2004，21（2）：94-97．
［36］刘代荣．对中美两国高等体育院系的专业设置及人才培养的比较研究［J］．中国高教研究，2003（8）：78-79．
［37］刘会平，程传银．美国健康与体育教育者学会历史演进及启示［J］．体育文化导刊，2017（11）：140-144，154．
［38］刘杨．美国高校体育经济与管理相关专业的人才培养模式分析［D］．北京：北京体育大学，2015．
［39］卢亮球，邓志红．美国体育博士研究生培养特点及启示［J］．西安体育学院学报，2006（4）：96-99．
［40］卢亮球．中美体育博士培养比较研究［D］．北京：北京体育大学，2005．
［41］卢晓中．高等教育：概念的发展及认识［J］．高教探索，2001（3）：60-63．
［42］鲁长芬，王健．从美国体育院系课程改革看我国运动训练专业课程体系的改革［J］．西安体育学院学报，2003，20（1）：96-100．
［43］吕青，尹军，丛林，等．中美日英俄德体育研究生培养比较研究［J］．体育文化导刊，2010（5）：96-99，107．
［44］马毅．美国大学体育系的发展历程和趋势的研究［J］．沈阳体育

学院学报，2002（3）：32–35.
［45］孟明亮．美国高校体育学科名称的嬗变及启示［J］．体育研究与教育，2016，31（3）：1–6，8，113.
［46］缪丽丹．中美部分高校休闲体育专业人才培养模式比较研究［D］．杭州：杭州师范大学，2015.
［47］彭文革，余惠清．美国高等体育院系体育休闲娱乐教育概况研究［J］．北京体育大学学报，2007，30（5）：610–611，628.
［48］邱芸娟．对中美体育人才培养模式的比较与思考［J］．中国校外教育（理论），2008（增刊 1）：1486–1487.
［49］曲宗湖，杨文轩．域外学校体育传真［M］．北京：人民体育出版社，1999.
［50］尚宏明，刘慧青．美国体育管理学培养方案的解读及启示［J］．首都体育学院学报，2013，25（2）：134–137.
［51］石云龙．中美中小学体育师资培养的比较研究［J］．教师教育研究，2015，27（5）：101–106.
［52］宋冬昱．中美体育学硕士课程设置及培养方式比较研究：以中美部分学校为例［D］．南京：南京师范大学，2013.
［53］隋晓航．美国体育学院本科专业培养计划解析［J］．体育学刊，2009，16（5）：56–61.
［54］唐红明．中美体育教师职前培养模式的比较研究［J］．吉林体育学院学报，2008（5）：100–101，114.
［55］汪琼．中美体育类硕士研究生培养模式比较研究［D］．武汉：武汉体育学院，2007.
［56］王雷，李平平．世界主要国家学科目录中体育学设置情况考察与辨析［J］．体育学研究，2018，1（2）：23–31.

［57］王雷，贾明学，方千华．美国体育学科联合会（AKA）“核心课程”的解读与思考［J］．山东体育学院学报，2017，33（4）：103–109．
［58］王雷．论体育学在高等教育领域的学科认同与我国体育学发展的3种可能：基于对6个国家50所高校的考察［J］．体育科学，2018，38（6）：27–37．
［59］王永盛，姜明．中美体育师资培养的比较研究［J］．体育科学，1998，18（1）：20–23．
［60］王玉珍．中美体育教育专业课程设置的比较研究［D］．济南：山东师范大学，2007．
［61］王志强，胡曦．从 Physical Education 到 Kinesiology：美国体育学科的变革与重塑［J］．体育成人教育学刊，2013，29（5）：1–6．
［62］吴阳，王德新，彭国强．美国体育教练员培养体系及其对我国的启示［J］．沈阳体育学院学报，2016，35（5）：93–98．
［63］项世新，高原，巴特利，等．中美本科体育师范教育的比较研究［J］．体育科学，1997，17（2）：11–18．
［64］谢佩娜．美国印第安纳大学健康、体育和娱乐学院的健康教育专业学位培养计划及特点［J］．体育学刊，2002，9（3）：95–98．
［65］徐建华，方千华．美国大学应用型体育硕士人才培养模式及对我国的启示［J］．南京体育学院学报（社会科学版），2015，29（6）：86–92．
［66］杨安禄，姚蕾，王永顺．美国体育学学科设置及启示［J］．体育成人教育学刊，2019，35（3）：70–73．
［67］杨波，杨文轩，龚建林．美国体育学科发展历程及现状［J］．体育学刊，2007，14（7）：116–120．
［68］杨桦，陈宁，刘建和，等．印第安纳大学体育学院教学管理的现

状及启示［J］. 成都体育学院学报，2000，26（3）：13–15.
［69］杨桦. 关于加强体育学学科建设的思考［J］. 成都体育学院学报，2011，37（1）：1–5.
［70］杨小永，王健. 我国高等体育专业教育同质化及特色化发展［J］. 体育学刊，2009，16（10）：54–59.
［71］叶静雯，汪晓赞，尹志华. 美国亚利桑那州立大学体育教育专业改革、发展与启示［J］. 体育文化导刊，2016（9）：148–154.
［72］尹志华，汪晓赞，PHILLIP W，等. 美国俄亥俄州立大学体育教育专业的特色及启示［J］. 体育学刊，2016，23（3）：100–107.
［73］俞佳俊，尹志华，汪晓赞. 美国南卡罗来纳大学体育教育专业建设的启示［J］. 体育学刊，2016，23（2）：102–106.
［74］喻晶. 美国体育专业本科人才培养研究［D］. 北京：北京体育大学，2014.
［75］展恩燕，胡惕.《教育法修正案》第九条对美国高校女子体育的影响及启示［J］. 体育文化导刊，2015（8）：161–166.
［76］张斌贤，王慧敏. 美国高等教育沿革的阶段特征与历史分期［J］. 教育研究，2018，39（6）：146–153，159.
［77］张建华，杨铁黎. 美国体育专业教育的历史沿革［J］. 体育文史，1997（6）：46–48，16.
［78］张建华，周之华. 从当代美、日两国体育院系发展看我国体育专业教育改革［J］. 体育学刊，1999（3）：57–63.
［79］张士坤，顾美玲. 美国宾州州立大学体育教育专业课程设置研究［J］. 体育科学研究，2018，22（6）：66–71.
［80］赵澄宇. 美国与中国体育师资培养情况的比较分析［J］. 北京体育学院学报，1990，48（2）：58–62，69.

［81］赵海．美国特殊体育师资培养模式及其启示［J］．中国特殊教育，2010，124（10）：17－20．

［82］赵琦，李明达，李焕玉，等．特点、理念及启示：美国俄亥俄州立大学体育教育专业课程设置研究［J］．北京体育大学学报，2016，39（12）：105－111．

［83］中华人民共和国高等教育法（1998 年 8 月 29 日第九届全国人民代表大会常务委员会第四次会议通过）［J］．中国高等教育，1998（10）：2－5．

［84］周良君，陈小英，梁少霞．美国、德国与我国部分高校体育经济专业本科人才培养方案的比较［J］．广州体育学院学报，2008，28（6）：110－114．

［85］邹委龙．中美特殊体育教师培养模式比较研究［D］．南昌：江西师范大学，2019．

英文参考文献：

［1］ALLAN N．The Gateway to History［M］．New York：Doubleday and Company，Inc．，1962．

［2］American Association of University Professors．Background facts on contingent faculty ［EB/OL］．［2019－07－20］．https://www.aup.org/issues/contingency/background-facts．

［3］American Kinesiolgoy Academy．Definition of kinesiology［EB/OL］．［2019－05－15］．http://www.americankinesiology.org/SubPages/Pages/About．

［4］American Kinesiology Association．Kinesiology institution database［EB/OL］．（2019－01－01）［2019－05－14］．http://www.americankines

iology.org/SubPages/Pages/Kinesiology%20Institution%20Database.

[5] BASSETT D R, FAIRBROTHER J T, PANTON L B, et al. Undergraduate enrollments and faculty resources in kinesiology at selected US public universities: 2008–2017 [J]. Kinesiology Review, 2018, 7 (4): 286–294.

[6] BROOKS G A. Perspectives on the academic discipline of physical education [M]. Champaign: Human Kinetics Publishers, Inc., 1981.

[7] BROWNELL, C. The preparation of teachers in health and physical education [J]. American Physical Education Review, 1929, 34 (5): 278–280.

[8] Bulletin [Z]. Normal School of the North American Gymnastic Union, 1897.

[9] Catalog [Z]. International Young Men's Christian Association College, 1920–1921.

[10] Catalog [Z]. Normal College of the American Gymnastic Union, 1920–1921.

[11] Catalogue [Z]. Anderson Normal School of Gymnastics, 1898.

[12] Catalogue [Z]. Boston Normal School of Gymnastics, 1893.

[13] Catalogue [Z]. Boston Normal School of Gymnastics, 1923–1924.

[14] Catalogue [Z]. Brooklyn Normal School of Physical Education, 1892.

[15] Catalogue [Z]. New York Normal School of Physical Education, 1907–1909.

[16] Catalogue [Z]. New York Normal School of Physical Education, 1909–1910.

[17] Catalogue [Z]. Oberlin College, 1894.

［18］ Catalogue ［Z］. Posse Normal School of Gymnastics，1937–1938.

［19］ Catalogue ［Z］. Sargent School for Physical Education，1894.

［20］ Catalogue ［Z］. Sargent School of Physical Education，1909–1910.

［21］ Catalogue ［Z］. Savage School for Physical Education，1934–1935.

［22］ Catalogue ［Z］. School for Christian Workers，1886–1887.

［23］ Catalogue ［Z］. University of Wisconsin，1911–1912.

［24］ Catalogue ［Z］. University of Wisconsin，1920–1921.

［25］ Catalogue ［Z］. Wellesley College，1916–1917.

［26］ CHODZKO-ZAJKO W，TAYLOR E M，REEVE T G. The American Kinesiology Association core content for kinesiology programs：from concept to curriculum ［J］. Kinesiology Review，2018，7（4）：279–285.

［27］ CHODZKO-ZAJKO W. The American Kinesiology Association undergraduate core curriculum©［J］. Quest，2014，66（3）：288–294.

［28］ CLARKE H H. The extent of graduate study：in physical education in the United States ［J］. The Journal of Health and Physical Education，1934，5（4）：33.

［29］ COBB L S. A study of the functions of physical education in higher education ［M］. New York：Columbia University，1943.

［30］ CONANT J B. The education of American teachers［M］. New York：McGraw-Hill，1963.

［31］ CORBIN C B. The field of physical education：common goals，not common roles ［J］. Journal of Physical Education，Recreation & Dance，1993，64（1）：79–87.

［32］ Course Cataloge ［Z］. Boston Normal School of Gymnastics，

1891–1900.

[33] Course Cataloge [Z]. Boston: Harvard University, 1887.

[34] ČUSTONJA Z, MILANOVIĆ D, SPORIŠ G. Kinesiology in the names of higher education institutions in Europe and the United States of America [J]. Kinesiology, 2009, 41 (2): 136–146.

[35] DIXON J G, MCINTOSH P C, MUNROW A D, et al. Landmarks in the history of physical education [M]. London: Routledge and Kegan Paul Ltd, 1957.

[36] DONNELLY J A. An analysis on curriculum trends for men majoring in physical education or related fields, in selected colleges and universities of the United States [D]. Laramie: University of Wyoming, 1953.

[37] ELDER C L, PUJOL T J, BARNES J T. An analysis of undergraduate exercise science programs: An exercise science curriculum survey [J]. Journal of Strength and Conditioning Research, 2003, 17 (3): 536–540.

[38] ELLIOTT R. The organization of professional training in physical education in state universities [D]. New York: Columbia university, 1927.

[39] FOSS J L. A history of professional preparation in physical education for women in the teachers colleges of Wisconsin, Illinois, and Iowa [D]. Iowa: University of Iowa, 1966.

[40] FREEMAN W H. Physical education and sport in a changing society [M]. New York: MacMillian Publishing Company, 1992.

[41] GERBER E W. Innovators and institutions in physical education

［M］. Philadelphia：Lea & Febiger，1971.

［42］GOLBACH D S. A chronological study of the development of the undergraduate professional curriculum in the Department of Physical Education at the University of Southern California（1910-1975）［D］. Los Angeles：University of Southern California，1977.

［43］GROSS C H，CHANDLER C C. The history of American education through readings［M］. Boston：Heath，1964.

［44］HACKENSMITH C W. History of physical education［M］. New York：Harper & Row，1966.

［45］HAMILTON，L K P. A survey of professional preparation in the area of physical education for public school elementary teachers and physical education specialists in geographic areas served by the American alliance for health，physical education，recreation，and dance［D］. Nashville：Peabody College for Teachers of Vanderbilt University，1981.

［46］HANNA D. Present status of physical training in normal schools［J］. American Physical Education Review，1903，8（4）：293–297.

［47］HARTWELL E M. Physical Training in American Colleges and Universities［M］. Washington：Government Printing Office，1886.

［48］HAUBENSTRICKER J L，FELTZ D. 100 years of kinesiology：history，research，and reflections［M］. East Lansing：Michigan State University，1999.

［49］Healthy people 2020［EB/OL］.［2019–11–10］. https://www.healthypeople.gov/2020/topics-objectives.

［50］HENRY F M. Physical education：An academic discipline［J］. Journal of Health，Physical Education，Recreation，1964，35（7）：32–69.

[51] HEWITT J E. The Doctoral Program in Physical Education [J]. Research Quarterly，1946，17（2）：82–95.

[52] HOFFMAN S. Are we witnessing a kinesiology bubble? [J]. Kinesiology Today，2010，3（2）：9，17.

[53] HOFFMAN S J. Fitness requirement at Lincoln Rescinded in face of torrent of criticism [J]. Kinesiology Today，2010，3（1）：19–21.

[54] HOFFMAN S J. Introduction to kinesiology：studying physical activity [M]. Champaign：Human Kinetics，2013.

[55] HOFFMAN S J. Physical education program at Florida State Victim of Budget Crunch [J]. Kinesiology Today，2009，2（3）：1–4.

[56] IZA W. A Quickly Growing Major [EB/OL].（2010–08–11）[2019–05–14]. https://www.insidehighered.com/news/2010/08/11/quickly-growing-major.

[57] JI L，DIFFEE G，SCHRAGE W. Challenges in Exercise Physiology Research and Education [J]. Quest，2008，60（1）：13–18.

[58] KIRK D，MACDONALD D，O' Sullivan M. Handbook of physical education [M]. London：Sage，2006.

[59] KNUDSON D. Future trends in the kinesiology sciences [J]. Quest，2016，68（3）：348–360.

[60] KROLL W，LEWIS G. The first academic degree in physical education [J]. Journal of Health，Physical Education，Recreation，1969，40（6）：73–74.

[61] LATASH M L. Motor control：the heart of kinesiology [J]. Quest，2008，60（1）：19–30.

［62］ LAWSON H. The American Kinesiology Association and the future of kinesiology［J］. Kinesiology Today，2010，3（1）：4–9.

［63］ LAWSON H A，KRETCHMAR R S. A generative synthesis for kinesiology：lessons from history and visions for the future［J］. Kinesiology Review，2017，6（2）：195–210.

［64］ LAWSON H A. Education for social responsibility：preconditions in retrospect and in prospect［J］. Quest，1999，51（2）：116–149.

［65］ LAWSON H A. Renewing the core curriculum［J］. Quest，2007，59（2）：219–243.

［66］ LEE M. A history of physical education and sports in the USA［M］. New York：Wiley，1983.

［67］ LEONARD F E. A guide to the history of physical education［M］. Philadelphia：Lea & Febiger，1923.

［68］ LORUSSO J R，RICHARDS K A R. Expert perspectives on the future of physical education in higher education［J］. Quest，2018，70（1）：114–136.

［69］ LUPCHO P R. The Harvard Summer School of physical education［J］. Journal of Physical Education，Recreation & Dance，1994，65（3），43–46.

［70］ Luther Gulick and the YMCA Training School Curriculum 1887–1903［P］. Proceedings of North American Society for Sport History，1977.

［71］ MAHAR M，CRENSHAW J T. AKA salary survey 2015［M］. Champaign，IL：American Kinesiology Association，2015.

［72］ MASSENGALE J D，SWANSON R A. The history of exercise and

sport science [M]. Champaign: Human Kinetics Publishers, 1997.
[73] MASSENGALE J D. The unprepared discipline: Selection of alternative futures [J]. Quest. 1988, 40 (2): 107-114.
[74] MCCURDY J H. Report of the committee on the curriculum of the 139 institutions preparing teachers of physical education in the United States [R]. American Physical Education Association, 1929: 45.
[75] MORROW J R, THOMAS J R. American Kinesiology Association: a national effort to promote kinesiology [J]. Quest. 2010, 62 (1): 106-110.
[76] National Academy of Kinesiology. Definition of kinesiology [EB/OL]. [2019-05-15]. http://nationalacademyofkinesiology.org/SubPages/Pages/What%20is%20Kinesiology.
[77] National Academy of Kinesiology. History of meeting locations and themes [EB/OL]. [2020-2-10]. http://nationalacademyofkinesiology.org/SubPages/Pages/History%20of%20Meetings.
[78] National Center for Education Statistics (NCES). Classification of Instructional Programs (CIP) [EB/OL]. [2019-05-18]. https://nces.ed.gov/ipeds/cipcode/Default. aspx?y=55.
[79] NEILSON N P. Curriculum for the professional preparation of physical education teachers for secondary schools [J]. Research Quarterly, 1931, 2 (1): 217-226.
[80] NELSON R C. Goodbye physical education, hello exercise and sport science [J]. The Academy Paper, 1990 (23): 58-61.
[81] NEWELL K M. Kinesiology: challenges of multiple agendas. Quest,

2007，59（1）：5–24.

［82］NEWMAN R E，MILLER M T. Historical overview of physical education teacher education curricula in american higher education [EB/OL]. (1990–12–19) [2019–03–09]. https://eric.ed.gov/?id=ED381521.

［83］NIXON J E，JEWETT A E，NIXON E W. An introduction to physical education［M］. Philadelphia：W. B. Saunders，1969.

［84］OGLESBY C A，HENIGE K，MCLAUGHLIN D W，et al. Foundations of kinesiology［M］. Burlington：Jones & Bartlett Learning，2017.

［85］OJEME E O. Has the Name，Physical Education，Outlived its Usefulness?［J］. The Physical Educator，1984，41（4）：190–194.

［86］PALMIOTTO A J. An assessment of selected undergraduate professional preparation programs in physical education in the United States［D］. Champaign：University of Illinois at Urbana-Champaign，1971.

［87］PAUL J. Centuries of change：movement's many faces［J］. Quest，1996，48（4）：531–545.

［88］PEIK W E，FITZGERALD G B. The education of men teachers of physical education for public school service in selected colleges and universities. Research Quarterly，1934，5（4）：18–28.

［89］PIERRO A A. A history of professional preparation for physical education in some selected negro colleges and universities［D］. Ann Arbor：University of Michigan，1962.

［90］President Hitchcock's Address. American Association for the Advancement of Physical Education，third Annual Meeting 1887［C］. Brooklyn：Rome Brothers Steam Printers，1887.

［91］ RAZOR J E，BRASSIE P S. Trends in the changing titles of departments of physical education in the United States［M］. Champaign：Human Kinetics，1990.

［92］ REEVE T G. Assessment，accreditation，and accountability：using the A-list to promote kinesiology programs in higher education［J］. Quest，2010，62（1）：15–34.

［93］ RICE E A. A brief history of physical education［M］. New York：A. S. Barnes and Company，1926.

［94］ RICE E A. A brief history of physical education［M］. New York：A. S. Barnes and Company，1926.

［95］ RIKLI R E. Kinesiology：A“homeless”field：Addressing organization and leadership needs［J］. Quest，2006，58（3）：287–309.

［96］ ROCKER J L. Major themes of undergraduate professional preparation in physical education from 1860 to 1962［D］. Los Angeles：University of Southern California，1971.

［97］ RONFELDT M，GROSSMAN P. Becoming a professional：experimenting with possible selves in professional preparation［J］. Teacher Education Quarterly，2008，35（3）：41–60.

［98］ Rules and regulations［Z］. North America Gymnastic Union，1890.

［99］ SABOCK R J. A history of physical education at the Ohio State University：men and women's divisions 1898–1969［D］. Columbus：The Ohio State University，1969.

［100］ SARGENT D A. Dudley Allen Sargent：an autobiography［M］. Washington：Brown Reprints，1927.

［101］ SCHWENDENER N. A history of physical education in the United

States [M]. New York: A. S. Barnes and Company, 1942.

[102] SIEDENTOP D, VAN DER MARS H. Introduction to physical education, fitness, and sport [M]. New York: McGraw-Hill Pulishing, 2004.

[103] SNYDER R A, SCOTT H A. Professional preparation in health, physical education, and recreation [M]. New York: McGraw-Hill Book Company, 1954.

[104] Strategic planning of the Department of Kinesiology & Applied Physiology [EB/OL]. [2019-07-18]. https://sites.udel.edu/kaap/strategicplan/.

[105] SUTCHER L, DARLLNG-HAMMOND L, CARVER-THOMAS D. A coming crisis in teaching? Teacher supply, demand, and shortages in the US [R/OL]. (2016-09-15) [2019-06-11]. https://learningpolicyinstitute.org/product/coming-crisis-teaching.

[106] SWANSON R A, SPEARS B M. History of sport and physical education in the United States [M]. Madison: Brown & Benchmark, 1995.

[107] SYKES C J. Profscam: Professors and the demise of higher education [M]. Washington D.C.: Regnery Gateway, 1988.

[108] TEMPLIN T, BLANKENSHIP B, RICHARDS K. End of a golden era: The demise of a PETE program [EB/OL]. (2014-10-1) [2019-04-15]. http://www.pheamerica.org/2014/end-of-a-golden-era-the-demise-of-a-pete-program.

[109] The department of kinesiology and community health: mission [EB/OL]. [2019-07-16]. http://kch.illinois.edu/history.

［110］The mission of the Department of Exercise and Sport Science［EB/OL］.［2019-07-18］. https://exss.unc.edu/home/our-mission/.

［111］The mission of the Department of Exercise Science［EB/OL］.［2019-07-06］. https://www.sc.edu/study/colleges_schools/public_health/study/areas_of_study/exercise_science/index.php.

［112］The mission of the Department of Health and Kinesiology［EB/OL］.［2019-07-18］. http://hlknweb.tamu.edu/about/vision-history.

［113］The mission of the Department of Kinesiology［EB/OL］.［2019-07-18］. https://www.umass.edu/sphhs/kinesiology/about-us/mission.

［114］The mission of the School of Kinesiology［EB/OL］.［2019-07-18］. http://www.education.auburn.edu/kinesiology.

［115］THOMAS J R. In kinesiology programs，like football offensive linemen，"bigger is better"［J］. Kinesiology Today，2009，2（2）：9-10.

［116］THOMAS J R. The public face of kinesiology in the 21st century［J］. Quest，2014，66（3）：313-321.

［117］TIERNEY R J. The implications of developments in teacher education for professional curricula in physical education［D］. New York：New York University，1958.

［118］U. S. Department of Health and Human Services. Physical Activity and Health：A Report of the Surgeon General［R/OL］.［2020-01-20］. https://www.cdc.gov/nccdphp/sgr/pdf/sgrfull.pdf.

［119］VAN DALEN D B.，VAN DALEN D B.，BENNETT B L. A world history of physical education：cultural，philosophical，comparative

[M]. Englewood Cliffs New Jersey: Prentice-Hall, 1953.
[120] VAN DER MARS H. Policy Development in Physical Education... The Last Best Chance? [J]. Quest, 2018, 70 (2): 169–190.
[121] WACKER H M. The history of the private single-purpose institutions which prepared teachers of physical education in the United States of America from 1861 to 1958 [D]. New York: New York University, 1960.
[122] WALTON-FISETTE J L, WUEST D A. Foundations of physical education, exercise science and sports [M]. New York: McGraw–Hill Education, 2017.
[123] WESTON A. The making of American physical education [M]. New York: Appleton-Century-Crofts, 1962.
[124] WILLIAMS C C. The changing physical education major curriculum in American and Canadian institutions of higher education [D]. Greensboro: University of North Carolina at Greensboro, 1971.
[125] WILLGOOSE C E. The curriculum in physical education [M]. Englewood Cliffs, New Jersey: Prentice-Hall, 1979.
[126] WISEMAN D C. A critical evaluation of undergraduate professional preparation in physical education for men and women in selected colleges and universities of New England [D]. Bloomington: Indiana University, 1970.
[127] WOOD T D, CASSIDY R F. The new physical education [M]. New York: Macmillan, 1927.
[128] WUEST D A, BUCHER C A. Foundations of physical education and sport [M]. Dubuque: William C Brown Pub, 1999.

［129］ WUEST D A，BUCHER C A. Foundations of physical education，exercise science，and sport ［M］. New York：McGraw-Hill College，2003.

［130］ ZEIGLER E F，MCCRISTAL K J. A History of the Big Ten Body of Knowledge Project ［J］. Quest，1967，9（1）：79–84.

［131］ ZEIGLER E F. A history of professional preparation for physical education in the United States ［D］. New Haven：Yale University，1950.

［132］ ZEIGLER E F. American sport and physical education history（to 1975）：an anthology［M］. Bloomington：Trafford Publishing，2009.

［133］ ZEIGLER E F. Undergraduate professional preparation in physical education from 1960 to the present ［R/OL］.［2019–04–27］. https://eric.ed.gov/?id=ED265100.